Markus Grimm

Wo bitte geht's zum Leben?

Die Erfahrung des Absoluten und die Kraft der Kunst

echter

Bibliografische Information der Deutschen Nationalbibliothek

Die Deutsche Nationalbibliothek verzeichnet diese Publikation
in der Deutschen Nationalbibliografie; detaillierte bibliografische
Daten sind im Internet über ‹http://dnb.d-nb.de› abrufbar.

1. Auflage 2016
© 2016 Echter Verlag GmbH, Würzburg
www.echter.de

Umschlag: wunderlichundweigand.de
Satz: Hain-Team (www.hain-team.de)
Druck und Bindung: CPI – Clausen & Bosse, Leck

ISBN 978-3-429-03940-0

Danksagung

Dieses Buch verdankt sich vielem Gegrübel, vielen Selbsterkundungen und vor allem vielen Gesprächen. Ich könnte allen Menschen danken, mit denen ich je zu tun hatte. Letztlich gibt alles einen Impuls, und wenn er nur mini ist. Ich danke also allen, summarisch.

Aber ich will auch im Einzelnen danken, nämlich meiner Frau Nele Grimm, meinem Künstlerfreund Jo Matzat aus Würzburg und meinem Künstlerbruder Christoph Wildenmann aus Mannheim. Mit diesen dreien gab es unverhältnismäßig viele und vor allem erhellende Gespräche über die Themen dieses Buches: mit Nele (Deutsch- und Geschichtslehrerin, die trotzdem Filme und Bücher mag) immer wieder, morgens, mittags, abends, beim Kaffee, neben ihrer Zeitungslektüre und trotz des ganzen Alltagskrams; mit Jo (Bildhauer, Wassermensch und feinsinniger Leser von zirka hunderttausend klasse Büchern) in atemberaubenden Dialogen beim wöchentlichen künstlerischen

Zweierstammtisch beim Griechen ums Eck; und mit meinem Bruder Christoph (Schriftsteller, Maler, Zeichner und Illustrator) in langen, lustigen und ernsten Telefonaten, die manchmal so lang waren, dass die Verbindung automatisch getrennt wurde, und das sagt schon alles. Chapeau an euch alle. Und Thomas Häußner vom Echter Verlag danke ich für die wagemutige Aufnahme dieses Buches ins Verlagsprogramm – Chapeau.

Inhalt

Prolog

Liebe Leserin und lieber Leser, kennen Sie so was: Jemand ist Ihnen ein Dorn im Auge. Sobald Sie ihn zu Gesicht bekommen, könnten Sie ihm an die Gurgel gehen. Aber warum bloß? Zum Glück halten Sie sich zurück und fragen sich stattdessen: „Was ist da eigentlich los?" Sehr vernünftig. Und dann erinnern Sie sich an damals: wie Sie Ihrem heutigen Lieblingsfeind vor vielen Jahren vorgestellt wurden und wie der sich sogleich zu einem Witz über Ihren Namen verstiegen hat. Der Witz war läppisch und harmlos, der ganze Kerl ist vermutlich ganz harmlos, nur vorlaut (und hat übrigens eine abgrundtief hässliche Nase), aber bei Ihrem Namen verstehen Sie keinen Spaß! Sonst jede Menge, nicht wahr, aber nicht bei Ihrem Namen. Und wenn Sie sich da so erinnern, dämmert Ihnen vielleicht etwas. Vielleicht fragen Sie sich, ob diese Nase wirklich so hässlich ist. Und Sie beginnen vielleicht, sich zu wundern, wo Ihr Humor hinverschwunden ist.

Von den Wurzeln her begreifen Sie manchmal etwas, was Sie irritiert, ratlos macht oder nervt, in neuem Licht. Und irritieren, ratlos machen oder nerven kann einen auch das Thema „Religion", was meinen Sie?

Im vorliegenden Buch will ich ein paar neue Blicke auf dieses grundlegende menschliche Phänomen werfen. Also wohlverstanden: auf die Religion, in der Einzahl. Darum geht es zuerst und in zweiter Linie und als Nebeneffekt auch um die Religionen, Mehrzahl.

Ich werde dazu einen schnellen Durchgang durch die Entwicklung des menschlichen Bewusstseins unternehmen, um nachzuvollziehen, woher Religion kommt und was sie ist, tut, will und soll. Was dabei ungefähr herauskommt, deute ich Ihnen jetzt schon mal an, damit Sie wissen, worauf Sie sich gefasst machen müssen.

Nämlich: Religion ist eine beim Menschen ganz natürliche Erscheinung, sie ist entstanden als Folge der Erfahrung des Heiligen – die ebenfalls eine ganz natürliche Erscheinung ist. Und Sie kennen diese Erfahrung. Religion ist kein Hirngespinst und keine Erfindung – diese Bemerkung für all jene Personen, die sich hier eine Entlarvung der Religion als Humbug erhoffen. Ich werde jedoch die Religion kritisch betrachten, nicht fromm – das zur

Beruhigung derselben Personen. Eine zweite ganz natürliche Erscheinung beim Menschen ist die Kunst, und beide – Religion und Kunst – hängen aufs engste miteinander zusammen. Der Begriff „Inkarnation" wird dabei eine wichtige Rolle spielen ...

Aber ich will nicht gleich die ganze Katze aus dem Sack lassen.

Nur so viel noch: Sie halten kein wissenschaftliches Fachbuch in Händen, und ich will Sie nicht mit Details langweilen. Es geht um Grundaspekte, um die große Linie, und Fachbegriffe tauchen auf, wenn sie mehr oder weniger unvermeidlich sind. Keine Panik.

Los geht's.

Vergangenheit

Und zwar geht's los mit einem Experiment, was halten Sie davon? Mit einem Experiment, das eine gute Grundlage bilden soll für dieses Buch, denn das Experiment setzt weit vorne an, an Ihrem Anfang, an unser aller Anfang als Menschen, an unseren Wurzeln.

Für dieses Experiment, das ich Ihnen hier mit nachdrücklicher Freundlichkeit ans Herz lege, sollten Sie sich ernsthaft Zeit nehmen. Und kommen Sie jetzt nicht mit Ausflüchten, Sie hätten keine. Man hat nie Zeit, es sei denn, man nimmt sie sich. Aber das wussten Sie schon. Wenn Sie das Experiment gescheit machen, dann halten Sie einen unschätzbaren Schlüssel in Händen, so viel kann ich Ihnen verraten. Einen Schlüssel für alles Folgende – und noch für viel mehr.

Es ist ein abenteuerliches Experiment, zugegeben, und es wird Sie vielleicht irritieren, aber es ist völlig ungefährlich. Es ist ganz einfach. Ich nenne es: „Rückkehr ins archaische Bewusstsein". Und so geht es: Sehen Sie die Welt mit den Augen eines Menschen von vor 30 000 Jahren.

Klingt das ein wenig abstrus? Was ist damit gemeint, wozu und wie überhaupt soll das gehen? Ich hole ein klein wenig aus.

30 000 Jahre zurück – das ist ja eine halbe Ewigkeit, sagen Sie vielleicht, diese Zeit ist Lichtjahre weit weg, vollkommen fremd, grau und kalt, und sie heißt ja auch „die graue Vorzeit". Sie begegnet Ihnen nur in der Archäologie und Vor- und Frühgeschichte. Und genau da soll sie bitte auch bleiben. Wer will da schon freiwillig hin?

Aber stimmt das wirklich? Ist unsere eigene menschliche Vergangenheit wirklich so weit weg, wie es scheint und wie wir's gern hätten? Überlegen Sie mal: 30 000 Jahre, das sind tausend bis tausendfünfhundert Generationen, das ist nicht gerade unendlich viel, nicht wahr? Sie können in ein paar Minuten leicht bis tausend zählen. Und was noch viel schwerer wiegt: Ihr Gehirn.

Ihr Gehirn ist ein Wunderwerk, darüber kann kein Zweifel bestehen. Ein Wunderwerk, das sich über Jahrmillionen entwickelt hat, wobei es immer differenzierter geworden ist, immer feinnerviger, immer präziser in der Verarbeitung Ihrer Wahrnehmungen, damit Sie sich in der Welt immer zuverlässiger orientieren können.

Und nicht das kleinste Wunder am Gehirn ist, dass es seine eigene Entstehung in sich aufbewahrt hat. Seine Entwicklungsgeschichte ist an ihm ablesbar, denn es hat seine sämtlichen Vorstufen in sich konserviert. Allerdings nicht fein säuberlich in geschlossenen Behältern. Die Vorstufen liegen alle schön offen da und bringen sich jederzeit gern ins Spiel.

Das ist nicht immer das reinste Vergnügen, das wissen Sie ja.

Zum Beispiel: Sie sind ein besonnener Mensch, Sie lächeln gern, sprechen mit Bedacht, haben nette Freunde, lieben schöne Filme und dicke Schmöker – aber wenn eins Ihrer Kinder Ihnen im falschen Augenblick Widerworte gibt, geht die Post ab. Die Adern an Ihrem Hals schwellen an, Ihr Herz poltert, Schweiß tritt auf Ihre Stirn, Sie stampfen auf, knallen die Tür und schreien: „Räum endlich dein Zeug da weg!" Das Komische ist: Sie merken selber ganz genau, dass das alles irgendwie peinlich, unangemessen und widervernünftig ist, aber was soll man machen? Ähnliches gilt für plötzliche Angstschauder mit Gänsehaut und flauem Gefühl im Magen, wenn Sie von der Polizei angehalten werden – obwohl Sie hundertprozentig genau wissen, dass Sie keinen Tropfen getrunken haben.

Es gibt an Ihnen und mir (uns allen) Verhaltensweisen, die Sie nicht kontrollieren können, da können Sie sich selber Vorträge halten über Geduld und Vernunft, so viel Sie wollen. Keine Chance. Kein Wunder, denn ein archaischer, urtümlicher Teil Ihres Gehirns ist da zugange, der instinkthaft auf Reize reagiert jenseits der Grenze dessen, was Sie bewusst und absichtsvoll steuern können.

Aber es gibt natürlich auch die anderen Situationen, in denen solche instinkthaften Reaktionen ein Segen sind oder sogar Ihre Rettung. Sie fahren nichtsahnend mit Tempo 130 auf der Autobahn und wollen gerade einen Laster überholen, plötzlich schert der aus und auf Ihre Spur herüber. Wenn Sie hier Ihre Reaktion erst abwägen und planen müssten, dann hätten Sie verloren. Instinktiv treten Sie auf die Bremse und halten krampfhaft den Lenker fest. Gerade weil keine Zeit zum Nachdenken und Kontrollieren verloren geht, können Sie blitzschnell reagieren – und wundern sich hinterher, wie Sie das fertiggebracht haben. Haben Sie aber gar nicht. Jedenfalls nicht das bewusste Ich, das Sie in der Regel meinen, wenn Sie von sich selbst sprechen. Statt Ihrer hat Ihr Instinkt reagiert.

Mit „ich" meinen Sie ja normalerweise eher höhere Hirnfunktionen, die im Großhirn mit der Großhirnrinde zu Hause sind: die Verarbeitung von

Sinnesreizen, das Sprechen und Nachdenken, die Fähigkeit, sich selbst zu beobachten. Sie haben aber außerdem noch den sogenannten Hirnstamm. Hier laufen urtümliche, vorbewusste, reflexhafte Vorgänge ab. Ihr Hirnstamm, das Urhirn, wenn Sie so wollen, ist ein durch und durch animalisches, instinkthaftes Relikt aus einer Zeit, als noch sehr, sehr, sehr lange keine Menschenseele am Horizont zu sehen war. Und diesen Hirnteil haben Sie mit den Tieren gemein. Und zwar nicht nur mit den Affen, das fänden Sie ja vielleicht noch ganz originell, sondern, halten Sie sich fest: sogar mit den Reptilien. Das können Sie nun beklagen oder toll finden, es ist einfach so. Dieses Gehirn haben Sie immer noch, bis auf den heutigen Tag, und es ist noch immer fleißig bei der Arbeit.

Alle sogenannten höheren Hirnfunktionen, dank deren Sie sich als zivilisiert betrachten dürfen, sind genau das: eben höher. Es gibt aber nichts Höheres ohne etwas darunter, nicht wahr? Und das da unten sind urtümliche Reaktionen und Antriebe und unerklärliche intuitive Wahrnehmungen von Gefahr, von dort kommen Jähzorn, Gänsehaut und Fluchtreflex.

Der Ökopsychologe Robert Greenway, der Sie zu Wildniserfahrungen ermuntern möchte, sagt: „Die zivilisatorische Schicht, die uns von der Wildnis trennt, ist nicht dicker als drei Tage. Wer länger in der Wildnis bleibt, träumt anders, denkt anders, nimmt anders mit allen Sinnen wahr." Diese zivilisatorische Schicht ist so dünn, weil sie so jung ist.

Ihr Gehirn ist aufgebaut wie eine durch die Jahrtausende, Jahrmillionen gewachsene Stadt, an der immer gebaut wird. Sie wird ständig erweitert und ergänzt, ab und zu werden auch die alten Leitungen durch neue ersetzt, die Sanitäranlagen werden modernisiert und neue Computer werden angeschafft.

Aber das gilt natürlich nicht nur für Ihr Gehirn, sondern für Ihren ganzen Körper, von dem das Gehirn bekanntlich ein Teil ist. Die gesamte Entwicklungsgeschichte des Lebens ist in Ihrem Körper aufbewahrt – Sie müssen sich nur einmal die Entwicklung des Menschen vergegenwärtigen: Jeder Einzelne von uns durchläuft sämtliche Stadien vom Einzeller bis zum ausgebildeten menschlichen Körper und wiederholt dabei die gesamte Evolution. Die Vergangenheit sitzt Ihnen und mir (uns allen) in den Knochen, könnte man sagen, oder genauer: in den Genen. Und das kann wie gesehen höchst konkrete Auswirkungen im Alltag haben, unerquickliche oder lebensrettende. Machen Sie sich also darauf gefasst, dass der sogenannte Urmensch nicht einfach frierend in seiner Urzeit herumsitzt, sondern unmittelbar in Ihnen steckt, jetzt und hier, in Ihrem Hirn, in Ihrem Körper, in Ihrem Denken und Fühlen, vor allem auch in Ihren Ängsten, Ihren irrationalen und instinkthaften Reaktionen. Aber kein Grund zur Panik.

Schlicht gesagt: Die Vergangenheit ist nicht vergangen, sondern höchst gegenwärtig, wie ein Kristallisationskern in Ihrer eigenen Mitte. Ihre sämtlichen Vorfahren, die ganze riesige Kette Ihrer Abstammungen, die tragen Sie mit sich herum, und deshalb ist die Weltsicht eines frühen Menschen von vor 30 000 Jahren Ihnen zugänglich. Ist das nicht phänomenal?

Der Zugang ist nicht mal besonders kompliziert. Es genügt, sich darauf einzulassen. Und davon hält Sie und mich (uns alle) im Allgemeinen nur eines ab: Angst. Die Angst vor allem Urtümlichen, das in Ihnen steckt, das heißt vor allem Wilden und Unzivilisierten, das die Menschheit scheinbar überwunden hat. Das rechnet sich die Menschheit als großes Verdienst an, und sie schöpft daraus sogar ihr Selbstverständnis. Aus der Überwindung des Tierischen. Genau das macht uns zu Menschen – so sehen wir das.

Aber der Körper sieht die Sache ein wenig anders.

Da Sie womöglich nicht für mehr als drei Tage ohne jedes Equipment in die Wildnis wollen, jetzt also stattdessen das angekündigte Experiment. Man könnte es „Wildnisexperiment" nennen:

Setzen Sie sich in aller Ruhe einmal hin und nehmen Sie sich 20 Minuten Zeit – am besten draußen in der Natur, so dass Sie Pflanzen und Bäume sehen können, vielleicht auch Tiere. Legen Sie sich zuvor einen handlichen Stein zurecht und einen Zweig oder eine Blume. Sie können das Ganze zur Not auch im Zimmer machen, dann müssen Sie halt Ihre Vorstellungskraft zu Hilfe rufen oder Bilder.

Und alles, was Sie jetzt tun müssen, ist zuerst einmal: dasitzen. Befühlen Sie den Stein und den Zweig, ihre Oberfläche, schauen Sie sich alles genau an, betrachten Sie die Szenerie vor sich, hören Sie den Wind in den Bäumen und tauchen Sie in all das ein. Stellen Sie sich vor, Ihr Körper wird ganz durchlässig, wie ein Netz, und Sie lösen sich in die umgebende Luft auf. Wenn Gedanken auftauchen von der Art: Der Baum da müsste mal wieder zurückgeschnitten werden –, dann schmunzeln Sie und achten nicht weiter darauf.

Dann, nach ein paar stillen Minuten, tun Sie Folgendes: Sie fragen sich, was Sie da eigentlich sehen und hören und fühlen. Stellen Sie die Frage vollkommen ernsthaft. Und geben Sie sich nicht mit Antworten zufrieden wie: einen Baum, einen Stein. Sagen Sie sich, dass das, was Ihnen da als Baum und Stein und Zweig vor die Augen tritt, was Sie hören und anfassen können, keineswegs alles ist, sondern dass sich dahinter etwas verbirgt, ein Geheimnis. Vielleicht kennen Sie so ein Gefühl noch aus Ihrer Kindheit, wo Ihnen Hecken, Bäume oder Tiere geheimnisvoll und rätselhaft erschienen sind und Sie dastanden und mit großen Augen schauten.

Versuchen Sie nun, diesem Geheimnis auf die Spur zu kommen. Fragen Sie die Bäume, Steine, Zweige: Was versteckst du hinter deinem Rücken? Und dann lauschen Sie auf eine Antwort. Bleiben Sie dabei völlig entspannt und erwarten Sie nichts. Lauschen Sie aufmerksam und stellen Sie sich ganz deutlich vor, wie Sie zur Antwort ein leises, feines Wispern hören – das Sie nicht verstehen. Sie sagen sich: Das ist eine Fremdsprache, in der mit mir gesprochen wird. Lauschen Sie darauf genau so, wie Sie einem Menschen zuhören, der Sie in einer unbekannten Sprache anspricht, während Sie versuchen, die Bedeutung zu erfassen. Lauschen Sie aber entspannt, und fantasieren Sie keine Bedeutung zusammen. Auf die Bedeutung kommt es nicht an, sondern nur darauf, dass Sie lauschen und das Geheimnis ernst nehmen – bis Ihnen die Bäume und Steine gar nicht mehr wie Bäume und Steine vorkommen, sondern wie Gesichter, wie Personen …

Probieren Sie's aus. Seien Sie unvoreingenommen. Sie werden feststellen, dass feine Sinne in Ihnen aufwachen und dass hinter der Welt etwas Zweites auftaucht, etwas Offenes. Dann ahnen Sie wieder, wie ein früher Mensch die Welt gesehen hat.

Bewusstsein und Bewusstheit

Wenn Sie das hier alles lesen, dann ist anzunehmen, dass Ihnen das Stichwort „bewusst" schon einmal über den Weg gelaufen ist. Sie treffen es ja heute überall an, speziell in den Bereichen Wellness und Spiritualität. Es ist von Bewusstwerdung die Rede, von Bewusstheit oder Bewusstsein und davon, dass man die Dinge des Alltags bewusst vollziehen soll: bewusst kochen, essen, Rad fahren, arbeiten und in die Luft gucken. Aber was ist eigentlich „bewusst"?

Das Wort kommt offensichtlich von „wissen". Bewusst heißt also: „im Wissen um etwas, mit Wissen". Wenn Sie in diesem Augenblick nicht nur das hier lesen, sondern zugleich wissen, dass Sie das hier lesen, dann lesen Sie bewusst. Sie treten sich selbst als Beobachter gegenüber und können auf diese Weise entdecken, was Sie gerade tun, denken, fühlen, wollen.

Menschen können so etwas nicht von Geburt an, sie lernen es erst im Kindesalter. Die Annahme allerdings, dass überhaupt ausschließlich Menschen diese Fähigkeit entwickeln könnten, ist ein wenig vermessen. Zumindest höhere Primaten sind sich dessen, was sie tun, und teilweise auch ihrer selbst ebenfalls bewusst.

Kurz zur Klärung, wie ich die Begriffe „Bewusstheit" und „Bewusstsein" verwende: wenn jemand etwas bewusst tut, spreche ich von Bewusstheit. Und von Bewusstsein spreche ich, wenn jemand sich seiner selbst insgesamt bewusst ist. Bewusstheit ist also grundlegender und einfacher, Bewusstsein demgegenüber schon etwas für Fortgeschrittene.

Bewusstsein oder Bewusstheit funktionieren wie ein Spiegel, den Sie zur Hand nehmen, um sich selbst, das, was Sie gerade tun, oder Ihre Frisur von außen zu betrachten, aus einem zweiten Blickwinkel, „mit anderen Augen", wie man so sagt. Diese anderen Augen der Bewusstheit sind unkörperlich, dadurch im Prinzip für jede Art von Erkenntnis offen, da an nichts Materielles gebunden. Sie können sich selbst aus jeder beliebigen Richtung betrachten. Dass sich mit dieser Gabe der Bewusstheit unerhörte Möglichkeiten auftun, liegt auf der Hand. Möglichkeiten, die von jeher auch als Aufgabe verstanden wurden. „Erkenne dich selbst" war ein Leitspruch der alten Griechen, er stand am Eingang des Orakels von Delphi.

Bewusstheit verleiht Ihnen innere Distanz, zu sich selbst und überhaupt zu allem. Sobald Sie in diese Distanz treten, sind Sie nicht mehr mit dem identisch, was Sie gerade tun oder was gerade in Ihnen und um Sie herum vor sich geht – Sie sind nicht mehr darauf beschränkt. Eine Grenze fällt weg, und ein neuer, vielleicht ganz unerwarteter Horizont öffnet sich vor Ihnen. Sie können innehalten, betrachten und sich fragen: was geschieht hier eigentlich? Warum und wozu? Hat es etwas zu bedeuten?

Und so weiter, der Fragen ist buchstäblich kein Ende.

Vorsicht, das kennen Sie aus persönlicher Erfahrung: immer neue Fragen sind natürlich auch eine Quelle endloser Verwirrung. Man muss wissen, wann man damit aufhören muss.

Bewusstheit dreht sich aber gar nicht notwendig um Fragen. Meistens genügt das aufmerksame, genaue Hinschauen – ohne Fragen. In einem Moment, der Ihnen über den Kopf wächst, weil Sie gerade fürchterlichen Druck haben, weil Sie zwischen zwei Terminen noch fix einkaufen gegangen sind, dabei natürlich die langsamste Kassenschlange erwischt haben, während der Hund draußen im Auto in der prallen Sonne sitzt und jault und Sie beim Bezahlen feststellen, dass Sie den Geldbeutel inklusive sämtlicher Karten und Ausweispapiere verloren haben – in einem solchen Moment sind Fragen vollkommen fehl am Platz. Sinnvoller und hilfreicher ist es, sich selbst von außen zu betrachten wie einen sympathischen Bekannten, der halt leider ab und an mal was verschusselt.

Die Bewusstheit verleiht Ihnen den Blick für eine zweite Ebene, die hinter dem liegt, was vordergründig geschieht. Das gilt nicht nur für Sie selbst, sondern für die gesamte Umwelt. Bewusstheit macht empfindsam für das Hintergründige, für das Eigentliche im Hintergrund. Für das, was Wilhelm Busch meint, wenn er sagt, dass „hinter jedem Dinge höchst verschmitzt im Dunkel erst das wahre Leben sitzt".

Sie wissen sicher, was mit diesem Eigentlichen im Hintergrund gemeint ist. Zum Beispiel die Empfindung von Schönheit im Angesicht der Natur. Oder der Eindruck von Bedeutsamkeit, wenn Sie einem bestimmten Menschen gegenüberstehen. Das Gefühl, dass Dinge nicht zufällig vor sich gehen, sondern sich sonderbar folgerichtig zusammenfügen, im Guten oder Schlechten, dass die Dinge irgendetwas sollen, dass im Hintergrund etwas Verborgenes schlummert, eine Art von unsichtbarer Ordnung – auch wenn Sie überhaupt nicht sagen könnten, was das sein soll.

Haben Sie sich vielleicht schon mal gefragt, ob solche Empfindungen eingebildet sind? Das wäre kein Wunder, weil es eine sehr menschliche Frage ist und ganz typisch für westlich-neuzeitliches Denken. Es ist eine theoretische Frage, die sich gemeinerweise aber nicht theoretisch lösen lässt. Versuchen Sie's und Sie sind verloren. Wie soll man durch Anwendung des Denkens entscheiden, ob etwas ausgedacht ist oder nicht? Im Raum des Denkens ist doch alles ausgedacht. Da kommt man nicht weiter.

Die Frage lässt sich nur praktisch lösen – und praktisch stellt sie sich gar nicht erst. Das unmittelbare Erlebnis, die Erfahrung von etwas Ordnendem in der Natur, von Schönheit im Großen oder im Kleinen braucht keine zusätzliche Bestätigung von außen. Die Erfahrung ist, wie man sagt, „selbstevident", das heißt: bestätigt sich selbst.

Übrigens, die unmittelbarste Erfahrung dieser Art, die Ihnen ständig zuteil wird, ist so dermaßen selbstevident, dass Sie meistens den Wald vor lauter Bäumen nicht sehen. Es ist die Erfahrung: ich lebe. Muss das noch bewiesen werden?

Komischerweise hat die westlich-neuzeitliche Denkweise genau das tatsächlich versucht, ob Sie's glauben oder nicht. Die abendländische Philosophie hat sich lange und ernsthaft mit der Frage beschäftigt, wie der Mensch seine eigene Existenz möglichst stichhaltig und unwiderleglich beweisen könne. Das gipfelt in Descartes' berühmter Aussage: „Ich denke, also bin ich." Ist so ein Versuch nicht äußerst seltsam? Und eigentlich nur denkbar, wenn das Denken sich verhebt und keiner was dagegen macht?

Da beweist also jemand seine eigene Existenz damit, dass er ja denke. Das beruhigt vielleicht seine Nerven, aber überlegen Sie doch mal: dass ein Gedanke existiert – jetzt rein logisch überlegt –, beweist doch höchstens die Existenz von Gedanken, oder? Aber doch nicht die Existenz von denkenden Individuen oder überhaupt Existenz „an sich".

Alles in allem ein ziemlich merkwürdiges Unterfangen.

Ahnung, Angst, Ordnung

Erinnern Sie sich an Ihre Kindheit? Die Zeit, als Sie anfingen, sich Ihrer selbst und der Umwelt bewusst zu werden? Als Sie allmählich einsehen mussten, dass Sie und die Welt zweierlei sind und dass dort außerhalb von Ihnen merkwürdige, staunenswerte und manchmal verwirrende Dinge vor sich gehen? So ähnlich hat der frühe Mensch seine Welt erlebt.

Aber wie genau? Was empfindet er? Wie fühlt es sich für ihn an, ein Mensch zu sein? Zwei Dinge spielen für ihn eine wichtige Rolle: Ahnung und Angst.

Versetzen Sie sich einmal in dieses Bild: es ist ein heißer Tag, die Luft ist trocken, der Boden auch. Es hat seit Wochen nicht geregnet, Staub liegt in der Luft und auf der Zunge. Sie haben mit Ihren Stammesgenossen Stunden damit verbracht, ein Wildschwein in die Enge zu treiben, jetzt haben Sie es auf einem Felsplateau eingekreist. Alle wissen, das Schwein darf nicht durch die Lappen gehen, sonst gibt es nichts zu essen. Links von sich sehen Sie im Augenwinkel Ihren Nachbarn mit seinem Holzspieß. Plötzlich bricht das Wildschwein aus, ihr Nachbar springt zur Seite, verliert den Halt und stürzt in die Tiefe. Sie steigen ihm vorsichtig hinterher. Sein Körper ist seltsam verkrümmt und rührt sich nicht mehr. Sie sehen Blut und rufen ihn an und schütteln ihn – keine Reaktion. Und Sie begreifen, dass er tot ist.

Begreifen Sie das wirklich? Oder ist es mehr eine Ahnung? Die Ahnung eines rätselhaften Vorgangs, der sich Ihnen entzieht, der zugleich aber äußerst real ist. Sie sehen die Verletzung, das Blut, die Starre, und Sie können nachvollziehen, was geschehen ist: er ist abgestürzt und aufgeprallt … Aber wie genau ist ihm dabei das Leben entflohen?

Ein anderer Ihrer Stammesgenossen stirbt wenige Tage später – Sie wissen nicht wieso. Sie wissen nur: er rührt sich nicht mehr, auch wenn Sie ihn anrufen und schütteln. Die letzten Tage war er blass und matt, als hätte ihn etwas Unsichtbares befallen und seine Lebenskraft aus ihm herausgesogen. Sie begreifen, dass er tot ist. Aber erneut: wodurch? Kein Sturz, kein Blut … was geht hier vor? Das alles ist Ihnen vollkommen rätselhaft – und auch erschreckend.

Denken Sie daran: Krankheit im medizinischen Sinn ist Ihnen erst in zirka 28 000 Jahren ein Begriff.

Der Tod ist für Sie eine vollkommen natürliche Angelegenheit, Sie haben ihn schon hundertmal miterlebt: an Ihren Stammesgenossen und Familienmitgliedern, an Säuglingen und Alten, und Sie töten selbstverständlich auch selbst, um zu leben.

Aber wenn Sie sich den Tod einmal genau betrachten, dann verstehen Sie ihn nicht. Es ist eine grundsätzliche Frage, die sich Ihnen hier immer wieder auftut: was eigentlich ist das, was im lebendigen Menschen umhergeht, atmet, spricht – und ihn dann eines Tages plötzlich verlässt, ohne Wiederkehr, so dass nur ein Körper übrig bleibt, der aussieht wie leer, eine bloße Hülle? Und warum und wie und wodurch passiert das? Gibt es dafür Regeln und Abläufe? Und gibt es Regeln und Abläufe für das Gegenteil des Sterbens, für das Gesundwerden oder das Geborenwerden? Gibt es überhaupt und grundsätzlich so etwas wie eine Ordnung des Lebens, der Dinge, der ganzen Welt, des Kosmos?

So viel ist Ihnen klar, bei aller Rätselhaftigkeit: in der Natur, in den Dingen, die ringsum geschehen, im Großen oder Kleinen, sind Muster am Werk, wiederkehrende Abläufe: Tageszeiten, Jahreszeiten, Geburt, Sterben, Schlafen, Wachen, Wachstum, Zerfall. Die Gestalten, die Sie wahrnehmen, ähneln einander, sie folgen demselben

Muster, derselben Geste, derselben Bewegung: Menschenkörper, Tiere, Pflanzen, Blätter. Auch im Verhalten gibt es Muster und Schemata: im Verhalten von Menschen, von Tieren, im Wechsel des Wetters, in Stimmungen, in Atmosphären der Natur und so weiter. Überall – und wenn Sie es nicht verstehen, so ahnen Sie es doch – ist etwas Regelhaftes am Werk.

Ahnen: das ist Ihre frühmenschliche Art, die ganze Welt zu betrachten, die für Sie ein großes und geheimnisvolles Rätsel ist. Wetter, Krankheit, Tod, Gefühle wie Liebe, Hass, Freude, Traurigkeit – was hat es mit alldem auf sich? All das kommt und geht, und Sie sind dem seltsam ausgeliefert ... oder sind Sie nicht vielleicht der Urheber? Kommen Hass oder Freude als etwas Fremdes von außen über Sie, oder sind Sie selbst dafür verantwortlich? Alles bleibt rätselhaft, Sie können es nicht entschlüsseln. Sie sehen nur: alles folgt bestimmten Mustern, geheimen Gesetzmäßigkeiten, irgendeiner Folgerichtigkeit und Ordnung. Aber Sie können sie einfach nicht packen – Sie können sie nur ahnen.

Es ist ein bestimmtes Weltgefühl, ein Schwebe- und Zwischenzustand, gemischt aus Schauder, unbestimmter Furcht vor etwas Chaotischem und der Ahnung von etwas Geordnetem, Wohlgeformtem und Intaktem. Dieses uralte Gefühl gibt es auch heute noch, es steckt tief in jedem Menschen drin. Sie kennen es vielleicht aus verzauberten Augenblicken in der Natur – die Sterne funkeln still über Ihnen, der Ozean dehnt sich grenzenlos vor Ihnen aus, der Wald rauscht, die Wüste schweigt. Das Gefühl kann aber auch ganz unspektakulär, klein und leise daherkommen, zum Beispiel beim Betrachten einer Blüte, eines Käfers, eines Tautropfens. Oder sie erleben magische Augenblicke mit anderen Menschen, zu zweit, in Gruppen.

In diesem offenen, wachen Zustand sind Ihre Sinne ruhig und weit, und Sie haben den zwingenden Eindruck, dass Sie gerade etwas erkennen, dass sich etwas mitteilt, Sie angeht und berührt, dass Sie einer großen Ordnung zuschauen – über die Sie überhaupt nichts sagen können.

Solche Momente sind schön. Aber etwas ganz Ähnliches kann Ihnen leider auch passieren in schrecklichen Momenten, im Angesicht von Bedrohung, Gefahr oder Leid. Auch da haben Sie vielleicht das starke Gefühl, dass Sie einer gewaltigen, übermenschlichen, überweltlichen Ordnung begegnen. Und diese geheime Ordnung hinter den Dingen, die sich mal schön zeigt und mal schrecklich, kann Angst machen. „Das Schöne ist nichts als des

Schrecklichen Anfang", schreibt Rilke in seiner Ersten Duineser Elegie und sagt damit, dass beide sich nur dem Grad nach unterscheiden.

Ahnung auf der einen Seite, Angst auf der anderen – beide hängen miteinander zusammen. Die Angst ist so alt wie der Mensch, so alt wie sein Bewusstsein, so alt wie die Ahnung. Sie ist im Windschatten der Ahnung entstanden.

Ja, sagen Sie vielleicht, aber Moment: die Angst ist doch viel älter als der Mensch. Der Mensch hat sie doch nicht erfunden, auch Tiere haben ja Angst. Man kann es ihnen ansehen. Wenn zum Beispiel ein Kaninchen plötzlich mit den Hinterbeinen Alarm trommelt, ist das doch eine Angstreaktion.

Ich glaube aber, das stimmt nicht ganz, und ich muss Sie jetzt leider ein bisschen mit etwas quälen, das wie eine Spitzfindigkeit aussieht. Ist es aber nicht. Oder vielleicht doch. Egal.

Klar: jedes Lebewesen, jeder Organismus verfügt über bestimmte Überlebensmechanismen, reagiert auf bestimmte Signale alarmiert, zuckt zusammen, wird hellwach, schüttet Adrenalin aus, ergreift die Flucht oder bläst zum Angriff. Aber das ist nicht Angst, sondern eine instinkthafte Reizreaktion.

Wenn Sie mit dem Fahrrad durch den Wald sausen und in einen Schwarm Fliegen geraten – dann gehen Ihre Augen blitzschnell von ganz allein zu. Der Reflex sitzt im Hirnstamm, merken Sie was? Oder Sie kommen an einer Baustelle mit einem Kran vorbei, der in luftiger Höhe Lasten schwenkt, und hören es über sich scheppern – da ziehen Sie ganz automatisch den Kopf ein und rennen los. In so einem Augenblick haben Sie keine Angst, dafür ist gar keine Zeit. Hinterher kommt die Angst, im Nachgang, wenn Sie sich ausmalen, was hätte passieren können. Im Augenblick selber reagieren Sie aber unmittelbar und instinkthaft.

Angst hingegen ist ein viel komplexeres Phänomen, ein psychologischer Vorgang, der nicht einfach dem Reiz-Reaktions-Schema unterliegt. Und es ist ihr Markenzeichen, dass sie immer erst hinterher kommt.

Nämlich so: wenn Sie die Gefahr mit dem Kran überstanden haben, wobei es egal ist, ob es wirklich gefährlich war oder ein Geräusch Sie genarrt hat, dann wird das Erlebnis sogleich umgeformt zu einer Erinnerung, und darauf wird das knallrote Gefahrensymbol mit dem riesigen knallroten Ausrufezeichen geklebt. Sie möchten so etwas nämlich auf keinen Fall noch einmal erleben, Sie möchten ja nicht Ihr Leben riskieren, und so wird die knallrote Erinnerung tief in Ihre Psyche eingeprägt.

Die Sache hat nur zwei Haken: erstens bestand vielleicht gar keine wirkliche Gefahr; und zweitens sind solche Situationen überhaupt nicht vermeidbar. Sie passieren, ob Ihnen und mir das gefällt oder nicht. Kräne existieren.

Aber wenn Sie das nächste Mal an einem vorbeikommen, was passiert dann? Das knallrote Warnsignal blinkt wie verrückt, Ihnen wird beklommen, Ihre Nackenhaare stellen sich auf, Sie schlucken und schauen besorgt nach oben und machen einen weiten Bogen um die Gefahrenstelle. Dann atmen Sie erleichtert durch, nicken sich selbst freundlich zu und sagen: „Danke, liebe Angst, du hast mir das Leben gerettet."

Und wenn gar keine Gefahr bestand? Das spielt keine Rolle mehr – im Reich der Angst.

Die Angst legt im Kopf ein Archiv von allen möglichen und unmöglichen Gefahren an und spielt sie da alle schön durch. Das kann sehr sinnvoll sein, es kann einen auch um den Verstand bringen. Angst ist von der realen Gefahr entkoppelt, darin liegt ihr Vorteil und zugleich der Haken. Es ist ihr Beruf, überall neue Gefahren zu wittern, die in Wirklichkeit noch gar nicht vorhanden sind und womöglich auch nie eintreten. Auf diese Weise erzeugt die Angst Bilder von Gefahren in Ihrem Kopf, und da sind sie nicht unbedingt gut aufgehoben.

Angst ist der absurde Versuch, unbedroht durchs Leben zu kommen. Angst ist die stets wiederholte Erinnerung an überstandene Gefahren im Glauben, man könnte auf diese Weise alle künftigen Gefahren vermeiden. So etwas ähnelt einer fixen Idee.

Diese Art, sich zu erinnern zum Zwecke der Vorausplanung, ist etwas typisch Menschliches. Deshalb vorhin die Aussage: die Angst ist so alt wie der Mensch. Er hat sie eben doch erfunden.

Aber klar gesagt: nicht die Angst ist das Primäre im Bewusstsein des frühen Menschen, sondern die Ahnung von Ordnung im Hintergrund der Dinge. Erst im Gefolge dieser Ahnung entsteht die Angst. Und nicht die Angst ist für das Aufkommen von Religion entscheidend, sondern die Ahnung. Allerdings mischt sich die Angst auch in die Religion ein – aber man soll ihr daraus keinen Vorwurf machen, sie geht ja nur ihrem Beruf nach.

Das Heilige

Was ist das eigentlich: heilig? Was meint das Wort, was nennen Sie „heilig"? Man könnte jetzt schöne theologische oder religionswissenschaftliche Definitionen aus dem Rucksack ziehen, aber das würde Sie langweilen. Betrachten Sie lieber die Sache selbst.

Es gibt in Ihrem Leben besondere Momente, meinen Sie nicht auch? Außergewöhnliche Augenblicke, die anders sind als normale, alltägliche Augenblicke. Alltägliche Augenblicke nimmt man gar nicht richtig wahr, sie rauschen dahin wie durch einen Durchlauferhitzer, aber diese besonderen Augenblicke bleiben haften. Sie sind grundlegend verschieden vom Rest Ihres Lebens und überstrahlen alles.

Solche Augenblicke können sich überall und jederzeit einstellen, in völlig unterschiedlichen Situationen: bei einer Wanderung im Gebirge, im Dämmerlicht einer Kathedrale, bei körperlicher Intimität, beim Tanzen in der Disco, beim Schauen in ein Lagerfeuer oder mitten im Gespräch mit einem Freund. Plötzlich wird es still, die Sinne öffnen sich, als würden Sie gerade zum ersten Mal richtig wach – und etwas Anderes taucht auf, erscheint hinter dem Vordergründigen, erfüllt den ganzen Raum. Die Wirklichkeit sieht auf einmal ganz anders aus, frisch, klar, hell, wie verwandelt, verzaubert.

Und Sie? Sind plötzlich weg, als hätten Sie sich selbst gerade vergessen. Sie verschwinden gleichsam aus Ihrer eigenen Aufmerksamkeit, und in Ihrem Bewusstsein ist nur noch Wahrnehmung, Schauen, Hören, Riechen, Fühlen. Der britische Dichter und Mystiker William Blake schreibt: „Sind die Pforten der Wahrnehmung gereinigt, erscheint dem Menschen alles, wie es ist, grenzenlos." Die Pforten Ihrer Wahrnehmung sind offen, Ihre Sinne wach, als wären Sie ein einziges Lauschen, Schauen, Staunen, und ringsum herrscht eine merkwürdige, tiefe, hintergründige Stille.

Das alles klingt vielleicht einigermaßen spektakulär, aber nur, wenn man's hier so liest. In Wirklichkeit ist die Erfahrung selbst ganz unaufgeregt. Hinterher ist man dann vielleicht aufgeregt und fragt sich: „Was war denn das?"

Wenn der Augenblick vergeht und der Alltag wieder auftaucht und Sie selbst mitten drin wieder auftauchen, dann fühlt es sich manchmal tatsächlich so an, als würde eine Pforte geschlossen, als würde ein zusätzliches Licht wieder ausgeknipst. Aber der Augenblick hinterlässt Spuren, die Sie in den Alltag mit hinübernehmen.

Ich könnte wetten, Sie hatten solche Erfahrungen bereits in Ihrer Kindheit. Jeder Mensch hatte das, obwohl sich nur wenige daran erinnern. In der Kindheit sind solche Augenblicke sogar häufiger, weil das Staunen noch leichter ist.

Vorschlag, ganz ernsthaft: nehmen Sie sich ein wenig Zeit, um solche Augenblicke wiederzufinden, Augenblicke aus Ihrer Kindheit oder auch sonst. Vieles, woran Sie sich nicht erinnern können, haben Sie gar nicht vergessen, Sie haben es nur, weil Ihr Gedächtnis bisher damit nichts anzufangen wusste, unter „Sonstiges" abgelegt, und in dieses Fach schaut bekanntlich keiner freiwillig mehr rein.

Versuchen Sie's. Verfolgen Sie jede kleinste Spur. Vielleicht taucht so ein Erinnerungsfetzen in Ihnen auf: „Da war doch dieses seltsame Erlebnis ... was war das noch?" Gehen Sie dem nach. Wozu, fragen Sie, denn Ihnen liegt vielleicht nichts an nostalgischen Verklärungen. Aber darum geht es auch gar nicht. Es geht darum, etwas Entscheidendes wiederzuentdecken, das wir alle kennen, weil wir

Menschen sind, und das leider immer wieder verschüttgeht unter den Ablagerungen des Alltags. Es ist aber die Schlüsselerfahrung des menschlichen Lebens.

Es ist die Erfahrung des Heiligen.

Können Sie sich erinnern? Machen Sie's nicht zu kompliziert. Die Erfahrung des Heiligen ist keine sinnensprengende Explosion, erwarten Sie nicht, dass in Ihrer Erinnerung grandios rauschhafte Ekstasen auftauchen oder psychedelische Trips. Erwarten Sie am besten gar nichts. Oder wenn Sie etwas erwarten müssen, dann etwas ganz Feines, Schimmerndes, Warmes. Die Erfahrung des Heiligen kommt nicht mit Pauken und Trompeten daher und begehrt Einlass, sondern sie klopft zaghaft und freundlich an. Und ihr Kennzeichen ist immer Stille, Besänftigung, Beruhigung. Suchen Sie nach solchen Augenblicken. Zum Beispiel habe ich selbst eine frühe Erinnerung, in der ein hölzerner Lattenzaun und summende Fliegen vorkommen, dazu der Duft von Sommer – ein runder, sanfter, vollkommen stiller Augenblick, ein Gefühl von Heimat, ohne jede Melancholie.

Das Heilige – das Wort ist wurzelverwandt mit „heil", ganz, gesund. Und das beschreibt die Erfahrung zutreffend. Der heilige Augenblick ist vollkommen, eins mit sich selbst, er ruht in sich selbst, nichts ist abgetrennt, es gibt keine Spaltung, keinen Widerstreit von Gefühlen oder Gedanken – es ist ein „heiler" Augenblick.

Darin unterscheidet er sich vom Alltag. Im Alltag gibt es Spannungen, Spaltungen, Konflikte im Großen und im Kleinen, Fragen, Probleme, die nach Lösungen verlangen, moralische Bewertungen, Ab- und Aufwertungen und so weiter. Sie streiten mit Ihren Kollegen, erwischen beim Einkaufen immer die langsamste Kassenschlange, wollen gegenüber Ihren Kindern Ihren Kopf durchsetzen, machen beim Joggen neuerdings schlapp, wachen morgens um fünf auf, weil Ihnen Ihr Kontostand einfällt, Sie finden Bärte bescheuert und Piercings schmuck, Sie lieben Urlaub in Italien und hassen den Norden und so weiter und so fort. Das ist der Alltag. Die Welt der Abläufe, des Drucks, der Etiketten und Abziehbilder, der Termine, in der Sie rennen, funktionieren, scheitern, wieder weitermachen – und dabei immer nach der Lücke spähen, nach der Ritze im Korsett des Alltags, nach dem Ausweg zum eigentlichen Leben.

Im heiligen Augenblick jedoch herrscht Stille, eine Stille wie im Auge des Orkans. Es gibt keine Abläufe, keine Suchbewegung, keine Fragestellung, keinen Grund, sich auf den Weg nach irgendwoanders zu machen. Aber von alledem wird Ihnen im

Augenblick selber nichts bewusst, eben weil es hier überhaupt keine Turbulenzen gibt. Alles ist vollkommen selbstverständlich. Und hinterher kommt Ihnen dann zu Bewusstsein: das könnte das eigentliche Leben sein.

Der Gegenbegriff zu heilig ist profan, das heißt wörtlich: „vor dem Heiligtum, außerhalb des heiligen Bezirks". Der lateinische Begriff bezieht sich also auf eine konkrete Gegebenheit: den Tempel, die Anbetungsstätte, das Heiligtum – einen Bereich, den man betritt und wieder verlässt. Das entspricht der Erfahrung des Heiligen eigentlich ganz gut.

Die Welt des Profanen außerhalb des Heiligen ist die Welt der Zeit – mit allem, was zum Phänomen Zeit gehört: Stress, Angst vor Versäumnissen und vor der Zukunft, Pläne, Wünsche, Vergänglichkeit, Trauer, Sehnsucht und Ratlosigkeit. Das und noch einiges mehr sind die Früchte dessen, was „Zeit" genannt wird. Innerhalb des heiligen Bereichs gibt es nichts von alldem, denn hier gibt es keine Zeit, sondern Zeitlosigkeit. Oder mit einem anderen Wort: Ewigkeit.

Bei „Ewigkeit" denken Sie vielleicht an grenzenlose Dauer, Sie denken vielleicht an die Kassenschlange oder den letzten Stau, wo Sie „ewig" gewartet haben. Aber das Wort Ewigkeit meint eigentlich etwas anderes als endlos ausgedehnte Zeit. Es wäre ja auch eine entsetzlich öde Vorstellung, wenn Sie – sofern das Teil Ihres Glaubens ist – nach dem Tod in so einer Ewigkeit landen würden. Dann lieber noch Zeit!

Ewigkeit ist vielmehr das Gegenteil von Zeit, nicht deren Verlängerung ad infinitum. Zeit ist dadurch gekennzeichnet, dass sie abläuft. Sie tuckert und rattert ohne Unterlass wie ein riesiger Motor, mit der Zukunft als Treibstoff, und aus dem Auspuff kommt die Vergangenheit. Ewigkeit hingegen ist dadurch gekennzeichnet, dass gar nichts „passiert" – passieren heißt ja wörtlich „vorbeigehen". Zeit kommt einem so vor, als wäre sie ständig in Bewegung. In der Ewigkeit hingegen bewegt sich gar nichts. Das ist wunderbar und beruhigt die Nerven.

Dass sich nichts bewegt, heißt allerdings nicht, dass alles starr wäre. Von wegen. Ewigkeit funktioniert nicht wie ein Fotoapparat, der nur dadurch der vergehenden Zeit ein Schnippchen schlagen kann, dass er sie in einem Bild einfriert und festnagelt. So ist Ewigkeit nicht. Erinnern Sie sich an einen heiligen Augenblick. Er ist quicklebendig, funkelnd, schimmernd, schwebend, bewegt.

Widerspricht sich das nicht?

Bewegung ist erstens eine Frage des Fokus. Wenn Sie auf einem Berg stehen und im Tal einen fahrenden Zug betrachten, bewegt sich der Zug durch die Landschaft. Wenn Sie im Zug sitzen, bewegt sich umgekehrt die Landschaft. Wenn Sie jedoch Ihren Fokus komplett aufmachen oder, was dasselbe ist, gar keinen Fokus mehr haben, also weder Berg noch Tal noch Zug noch sich selbst beäugen, sondern einfach alles mit einem Blick umfassen, dann ist alles ein einziger Vorgang, nicht wahr? So ähnlich wie ein Film im Kino. Sie schauen zu, wie sich Personen von links nach rechts bewegen, Züge in umgekehrter Richtung und Landschaften an entsprechenden Fenstern vorbeiziehen. Im Ernst, dabei schauen Sie zu? Natürlich nicht, gar nichts bewegt sich, die Leinwand ist die Leinwand und bleibt schön da, wo sie hingehört. Sie schauen aber trotzdem hin. Weil sich die Dinge zwar nicht bewegen, aber verwandeln.

Zweitens ist Bewegung eine Folge der Zeit. Sie betrachten den Zug im Tal und setzen Vorher und Nachher zueinander in Relation. Dadurch entsteht der Eindruck eines Ablaufs, der Eindruck von Bewegung. Zuerst war der Zug links von Ihnen, jetzt ist er vor Ihnen, und nachher wird er rechts sein.

Wenn es nun aber keine Zeit gibt, wie im heiligen Augenblick? Dann gibt es auch keine Bewegung. Wohl aber Verwandlung.

Klingt das alles total theoretisch? Dann vergessen Sie's. Erinnern Sie sich einfach an die Erfahrung des Heiligen, das ist eh viel besser.

Das Profane ist dem Heiligen vorgelagert. Beide sind unterschieden, aber nicht durch Mauern getrennt. Dazwischen gibt es keine Grenze, sondern eine Schwelle, über die Sie treten können, einen Durchgang, Übergang. Das Profane ist das natürliche Umfeld des Heiligen, wenn Sie so wollen, und nur von hier aus kann das Heilige betreten werden. Von wo aus sonst? Man kann sich fragen, ob dadurch das Profane nicht auch ein wenig geheiligt wird.

Aus dem heiligen Augenblick bleibt das alltägliche Ich draußen. Aber wenn der Augenblick zu Ende geht und das alltägliche Ich wieder auftaucht, wenn Sie also das Heilige wieder verlassen und sich im Profanen wiederfinden, dann kann ganz Verschiedenes in Ihnen vorgehen.

Die Erfahrung des Heiligen ist still, rund und sinnlich – und das ist an sich ja schön. Aber je mehr sie sich von Ihrem Alltag unterscheidet, je schärfer die Diskrepanz zu Ihrem Alltags-Ich ist, desto verwirrender kann Ihre Rückkehr sein. Das gilt ganz besonders dann, wenn Sie unvorbereitet in die Erfahrung hineingeraten sind. Dann kann es durchaus sein, dass Sie die Erfahrung nicht als beglückend und befreiend, sondern als bedrohlich erleben. Überlegen Sie: eben gerade waren sie noch mit gewöhnlichen Dingen beschäftigt, und plötzlich ist alles exorbitant anders. Diese Erfahrung können Sie nirgends einsortieren, sie ist auf Neudeutsch outstanding. Was wollen Sie damit machen? Machen Sie sich nichts vor: das Heilige kann die Wucht eines Erdbebens entfalten, dessen Epizentrum in großer Tiefe liegt, Sie hören und sehen es nicht, aber oben wackelt alles.

Das Heilige hat in der Bewertung von außen, also vom Profanen aus gesehen, immer zwei Seiten: faszinierend und erschreckend. „Fascinans" und „tremendum" heißt das klassischerweise bei dem Religionswissenschaftler Rudolf Otto. Diese beiden Seiten sind in allen Religionen anzutreffen. Sie erinnern sich: das Schöne ist nichts als des Schrecklichen Anfang …

Und jetzt muss ich leider noch einmal spitzfindig werden, aber das sind Sie ja schon gewohnt.

Ich muss nochmals auf folgender Unterscheidung herumreiten: die Erfahrung des Heiligen an sich ist weder faszinierend noch erschreckend, sie ist frei von Eigenschaften oder Bewertungen, sie ereignet sich einfach. Das ist das eine. Aber mit der Rückkehr ins Profane treten Sie automatisch in Distanz zur Erfahrung des Heiligen. Und sogleich will Ihr Denken, weil das sein Beruf ist, die Erfahrung in Ihr alltägliches Koordinatensystem einsortieren. Da passt sie aber nicht rein, sie ist zu lang und zu breit, sie ist nämlich ewig und kann in der Zeit nicht verstaut werden. Sie überragt alles, was Sie sonst kennen, und das kann bedeuten, dass sie Ihre Grundfesten ins Wanken bringt. Vielleicht bestärkt sie auch Ihre Grundfesten, aber sie kann sie eben auch zermürben, und das kann man nicht immer gut vertragen. Fascinans und tremendum eben.

Die Erfahrung des Heiligen passt nur dann ins gewohnte Koordinatensystem, wenn man sie sich zurechtinterpretiert. Übrigens eine beliebte Methode von organisierten Religionen.

Grundaspekte von Religion

Man betrachtet die frühen Menschen ja oft mit einem mitleidigen Lächeln, als wären es halbe Idioten. Das waren sie aber ganz sicher nicht, sonst hätten sie nicht überlebt – übrigens mit der bedauerlichen Folge, dass es Sie und mich (uns alle) jetzt gar nicht gäbe. Nein, die müssen weit klüger und lebenstüchtiger gewesen sein, als man ihnen das zutrauen möchte.

Und die frühen Menschen haben die Frage nach dem Eigentlichen, nach der geheimen Ordnung hinter dem Offenkundigen, die so alt ist wie der Mensch, nicht aus Einfalt oder Dummheit gestellt. Religionskritiker, auch selbsternannte, denken sich das ungefähr nach dem Schema: es donnert, der Urmensch erschrickt und begreift nichts und schustert sich in der Einfalt seines Herzens als Lösung die passende metaphysische Erklärung zurecht.

Andersrum wird ein Schuh draus. Der Schauder vor Naturereignissen ist etwas höchst Reales, in dem sich etwas höchst Reales widerspiegelt, nämlich unsichtbare Kräfte, die höchst real wirksam sind. Da führt sogar für materialistisches Denken kein Weg daran vorbei. Es blitzt und donnert ja nicht aus Jux oder Zufall, sondern weil hier höchst reale Kräfte wirken, und zwar unsichtbare, die nicht zu greifen und schon gar nicht zu kontrollieren sind. Hier ist etwas Mächtiges anwesend – das ist der ganz starke Eindruck, und der ist in keiner Weise zu bezweifeln. Er ist selbstevident.

Interessanterweise wird dieser Eindruck sogar noch eindrücklicher, wenn man so sagen kann, angesichts von vermeintlich unspektakulären Vorgängen, zum Beispiel beim Wechsel der Tages- und Jahreszeiten und den damit einhergehenden Veränderungen in der Tier- und Pflanzenwelt. Hier sind formende Kräfte, Kräfte des Werdens und Vergehens, der unablässigen Verwandlung anwesend, in denen sich offenkundig bestimmte Gesetzmäßigkeiten niederschlagen. Die Anwesenheit dieser Kräfte ist still, gleichmäßig und fast scheu, und zugleich gibt es absolut nichts, was ihnen widerstehen kann.

Speziell der Aspekt der Gesetzmäßigkeit, der immer wiederkehrenden Ordnung in den sich ständig wandelnden Vorgängen – also auf gut Deutsch: des Ewigen hinter dem Vergehen der Zeit – speziell dieser Aspekt hat den frühen Menschen fasziniert. Kein Wunder.

Stellen Sie sich das doch mal vor: nichts von dem, was Sie sehen, bleibt bestehen. Pflanzen, Wolken, Tiere, Menschen, das Wetter … nichts davon bleibt, nicht ein Molekül, alles wandelt sich, vergeht, fällt dahin. Und trotzdem wiederholen sich immer wieder dieselben Vorgänge an immer neuen Dingen. Wie ist das möglich? Woran sind die Vorgänge festgemacht, wenn kein Ding bleibt?

Die Frage hat nicht nur vor 30 000 Jahren fasziniert. Damals hat der frühe Mensch versucht, die unsichtbare Ordnung, die offenbar unabhängig von den Dingen besteht, festzuhalten, nachzubilden: in geometrischen Formen und Ritzzeichnungen wie in Südfrankreich, in Steinkreisen wie Stonehenge, in der Himmelsscheibe von Nebra, in Menhiren und so weiter. Ereignisse am Himmel und in der Zeit werden mit der Erde, mit Landmarken, mit Stein und Boden in Beziehung gebracht. Unsichtbare Muster werden gleichsam irdisch verankert, Bezüge werden sinnfällig. Es sind Bezüge von Orten und Zeiten: von „oben" (Himmel, Kosmos, Ewigkeit, Ordnung) und „unten" (Erde, Menschen, Zeit und Alltag).

Und damit gewinnt die rätselhafte Welt allmählich Struktur und Gliederung.

Sie ahnen's schon: genau hier nimmt die Religion ihren Anfang. Natürlich noch nicht so ausdifferenziert wie tausende Jahre später. Die Religion erwacht und mit ihr sogleich der Wunsch nach Gestaltung: Zeichnungen, Gemälde, Skulpturen in Groß und Klein, in Roh und Fein. Man kann sogar sagen: Religion IST die Gestaltung. Und natürlich erscheinen zugleich die ersten Experten für diese Gestaltungen, Experten für astronomische Gegebenheiten, für Naturvorgänge und deren Deutung, Experten für rituelle Abläufe, Kultdienerinnen und -diener – Experten für das Heilige mit anderen Worten, die das Heilige auf vielfache Weise mit dem Profanen, der gewöhnlichen Welt von Nahrung, Obdach, Feier und Trauer verbinden.

Hier wird deutlich, was Religion von ihrem Ursprung her will, soll und tut. Sie schafft einen Bezug von menschlichem Leben zu ewiger Ordnung. Diesen Punkt lege ich Ihnen ganz besonders ans Herz.

Nochmals anders und mit Nachdruck: Religion ist die Frage nach dem Leben, seinem Sinn und Grund. Religion ist nicht die Frage nach Gott – Gott ist ein sekundäres Phänomen im Raum der Religion, es gibt ja Religionen ohne Gott wie etwa den Buddhismus. Nicht irgendeine Gottheit war am Anfang, auch keine ausgedachte, kein erfundener

Donnergott, der es rumpeln lässt – sondern die Erfahrung von geheimnisvoller Ordnung, wie sie ablesbar ist zum Beispiel an Sonne und Erde. Und dass diese Ordnung real vorhanden ist und nicht ausgedacht, das wissen ja auch die modernen Naturwissenschaften.

Mythos

Und wie geht es jetzt weiter mit Sonne und Erde?

Stellen Sie sich doch noch mal vor, Sie sind ein Mensch von vor 30 000 Jahren. Sie empfinden Sonne und Erde als Verkörperungen waltender Kräfte, als Manifestationen, als konkrete Gestalten des Heiligen. Was glauben Sie, wie lange können Sie das durchhalten? Wie lange halten Sie es durch, Sonne und Erde so dermaßen abstrakt zu betrachten, als „Verkörperungen", „Manifestationen" und so weiter? Nicht sehr lange, könnte ich wetten.

Sie werden anfangen, Sonne und Erde selber als heilig zu betrachten. Und das ist ja nicht verkehrt, denn wo das Heilige wirkt, wird das Profane davon aufgeladen.

Sonne und Erde, vom Heiligen aufgeladen, werden für Sie zu eigenen Größen, in denen das Heilige selbst anwesend ist. Sie werden – nennen wir das Kind beim Namen – zu Gottheiten. Stichwort „Vergöttlichung", griechisch „Apotheose". Und zwar gehören Sonne und Erde zu den ältesten Gottheiten, was nachvollziehbar ist. Es sind Grundkräfte, die gern mit Vater (Sonne) und Mutter (Erde) gleichgesetzt werden. Aus ihrer kosmischen Vermählung entsteht das Leben. Was ja übrigens auch naturwissenschaftlich kein reiner Blödsinn ist.

Den Übergang der Vergöttlichung hat sich kein Theologe der Vorzeit ausgedacht, er ist ganz organisch im Laufe von Jahrtausenden vor sich gegangen, geschmeidig und fließend. Kein Statut und kein Dogma haben ihn herbeigezwungen oder verordnet. Wie auch? Es gab ja keine zentralen Institutionen, keine Vorsitzenden, Bischöfe oder Päpste. Es gab auch keine Theologie im Sinne von Systematisierung und Glaubenslehre.

War also alles beliebig? Mitnichten. Alles hing ab von der Erfahrung des Heiligen, und die ist keineswegs beliebig, das wissen Sie.

Und es gab den Mythos.

„Mythos", griechisch, heißt schlicht „Wort, Erzählung". Gemeint sind aber besondere Erzählungen, Erzählungen über Entstehung, Sinn und Grund der Welt und des Menschen, des eigenen Stammes, des Clans, überhaupt von allem. Vielleicht übersetzt man Mythos am treffendsten mit „Geschichte", wegen der Doppelbedeutung des Wortes „Geschichte": Historie einerseits und Erzählung andererseits. Genau in diesem doppeldeutigen Unschärfefeld bewegt sich der Mythos. Er nimmt reale, also ganz profane, oft richtiggehend „fleischliche" Fakten (die Welt, Tiere und Pflanzen, Mann und Frau, Leben und Sterben, Krankheit und Alter, Liebe, Hass, Krieg) und webt sie mit dem Heiligen, der kosmischen Ordnung, den Götterwelten zu einer Erzählung, die Sinn, Identität und Orientierung stiftet. Ein mythisches Gewebe mit dem Heiligen als Kettfaden und dem Profanen als Schussfaden.

Der Mythos ist nicht systematisch oder logisch, er argumentiert nicht, sondern erzählt. Er erzählt in Bildern und Situationen, die, wie die moderne Psychologie seit C. G. Jung weiß, mit Ihrem Unbewussten unmittelbar zusammenhängen, aus dem sich wiederum Ihre Traumbilder speisen. Es sind urmenschliche, sogenannte archetypische Bilder und Situationen, die überall auf der Welt ähnlich sind: Brunnen, Wasser, Wald, Haus, Schloss, Schlange, Wolf, Schakal, Gold, Edelstein, der Wächter, der Hüter der Schwelle, der oder die weise Alte, König und Königin, Verwundung, Zerstückelung, Waffen und Kampf und so weiter. Solche Dinge kennen Sie vielleicht auch aus Ihren Träumen, nur hoffentlich nicht jede Nacht …

Und Sie kennen sie zum Beispiel auch aus den Märchen, die von den Brüdern Grimm gesammelt wurden, den „Kinder- und Hausmärchen" – das klingt ein bisschen bieder, es handelt sich aber um uralte Volksmärchen, und das sind die Reste von Mythen, die uns leider abhandengekommen sind. Warum leider? Es wäre nicht schlecht, wenn es nicht nur physikalische und biologische, also technische Theorien über den Ursprung von Welt und Mensch gäbe, sondern eben Geschichten, hintergründige, urwüchsige Geschichten. Denen mit dem doch arg überschätzten Intellekt zum Glück gerade nicht beizukommen ist, und die Sie anders und tiefer ansprechen. In denen es nicht um Fakten geht, sondern um die Wahrheit.

Jetzt könnten Sie sagen: die Mythen sind weg, weil wir sie nicht mehr gebraucht haben. Ich bin nicht sicher. Ich glaube, sie fehlen uns insgeheim. Sonst würde die Roman-, Computerspiel- und Filmwirtschaft nicht derart boomen, und zwar gerade die Fantasy-, Superhelden- und Rollenspielabteilungen.

Archetypische Bilder schlagen bei jedem Menschen sofort eine Saite an. Denn das Unbewusste ist nicht Ihr persönliches Eigentum, sondern Teil des sogenannten kollektiven Unbewussten, das wir als gesamte menschliche Spezies haben, und zwar schlicht deswegen, weil wir Menschen sind. Wir hängen daran wie ein See an seinen Zuflüssen.

In die Mythen der Welt haben die Gottheiten Einzug gehalten, als Verkörperungen kosmischer, aber auch menschlicher Kräfte. Mythen erzählten vor Tausenden von Jahren von der Herkunft dieser Kräfte, von den Taten und Untaten der Götter und Göttinnen, ihren Kämpfen, Siegen und Niederlagen. Tausende Jahre sind eine lange Zeit, in der immer wieder neue Elemente hinzukamen, neue Figuren und Begebenheiten, und alte sich wandelten oder verschwanden – in einem vollkommen natürlichen, evolutionären Vorgang.

Umso natürlicher und organischer, weil die Mythen mündlich weitergegeben wurden. Sie wurden nicht digital geklont, nicht wahr, sondern durften frisch und am Leben bleiben. So entwickelte jede Kultur, auch jeder Stamm, sein „Pantheon", seine Götterversammlung, Götterwelt – mit Gottheiten für Himmel, Erde, Wetter, Krieg, Jagd, Geburt und Tod und überhaupt alles.

Und was heißt das nun zum Beispiel für Sonne und Erde? Werden die jetzt, wo es den Mythos gibt, der sie gegeneinander antreten lässt, als persönliche Gottheiten betrachtet, die sich leider höchst menschlich und profan aufführen?

Würden Sie diesen Fehler machen? Nein, und auch vor 30 000 oder 10 000 Jahren waren Sie nicht so naiv. Auch wenn zum Beispiel die Sonne im ägyptischen Mythos als Gestalt mit Falkenkopf und Sonnenscheibe auftritt, war Ihnen auch damals sehr wohl klar, dass die Sonne selbst keineswegs diese Gestalt namens Re ist, und Re ist auch nicht das Heilige, das sich in der Sonne verbirgt. Vielmehr ist die Sonne ein Abglanz und eine sichtbare Verkörperung der in ihr erblickten Kraft und Ordnung. Und die Gottheit Re vertritt diese Kraft im Mythos. Das war Ihnen immer schon klar.

Und solange dieses Bewusstsein vorhanden ist, geht von dem Heiligen kein Stück verloren, da können die Götter sich auf den Kopf stellen und mit den Füßen wackeln.

Ich lenke Ihr Augenmerk jetzt kurz auf das Stichwort „Verkörperung", das hier schon öfters aufgetaucht ist. Es ist ein Schlüsselbegriff.

Verkörperung meint: etwas nimmt Körper an, wird körperlich, das heißt fest und manifest, greifbar, konkret, „fleischlich". Dadurch auch dem Wandel unterworfen, vergänglich, zeitlich. Und jetzt kommt etwas sehr Wichtiges, deswegen dieser Hinweis und der neue Absatz.

In der Verkörperung werden Heiliges und Profanes auf fleischlich-konkrete Weise aneinander gebunden. Unverbrüchlich und so schlicht: die Sonne scheint vom Himmel, die Erde bringt

Gewächse hervor. Das ist es schon. Genau so und kein bisschen kompliziert SIND Sonne und Erde das Heilige mitten in der Menschenwelt, das Ewige im Fleisch. Zum Fühlen, Sehen und Anfassen, mit direkten Wirkungen.

Wenn bei Ihnen von diesem Buch nichts hängen bliebe als das, wär's schon genug. Bewahren Sie sich Ihr Gespür dafür, auf wie natürliche und organische Weise die Religion von ihrem Ursprung her mit dem alltäglichen Leben verknüpft ist. Behalten Sie im Sinn, dass das Heilige mit dem Profanen unlösbar verwoben und eins niemals ohne das andere ist. Das Heilige ist niemals weiter weg als die Wärme der Sonne auf Ihrer Haut und die Kühle der Erde unter Ihren Füßen. So innig ist dieser urtümliche Zusammenhang. Er ist ganz unmittelbar – und ganz un-vermittelt. Das heißt: kein Priester oder Erlöser muss zwischen Ihnen und dem Heiligen vermitteln. Das Göttliche und das Irdische sind eins im anderen anwesend. Eins findet im jeweils anderen seine Bestimmung.

Glauben und Wissen

Wo Sie nun schon dabei sind, das Vorige im Sinn zu behalten, nehmen Sie doch auch das hier noch dazu: vor 30 000 Jahren gab es keinen Unterschied zwischen Glauben und Wissen.

Den gibt es erst ungefähr seit der Aufklärung. Vor 30 000 Jahren war das, was Sie wahrnahmen, für Sie schlicht wirklich, also real und wirk-sam. Sie mussten da nichts differenzieren nach dem Schema: glaub ich's – oder weiß ich's? Die Sonne scheint, der Regen fällt, die Bäume rauschen im Wind … fertig. Es ist buchstäblich so gemeint: es gab den Unterschied von Glauben und Wissen nicht. Also nicht so: es gab den Unterschied, Sie kannten ihn bloß nicht. Sondern so: es gab ihn nicht.

Heute schon. Jemand muss den Unterschied irgendwann mal erfunden haben. Wer war das? Stehenbleiben, Hände hoch!

Heute spielen Sie und ich (wir alle) Glauben und Wissen gegeneinander aus, das ist eine unserer liebsten Freizeitbeschäftigungen. Und das, obwohl oft gar nicht klar ist, was die Begriffe genau bezeichnen.

Ich behaupte mal frech aus der Hüfte: Glauben und Wissen bedeuten in Wahrheit dasselbe. Glauben und Wissen unterscheiden sich nur dem Grad nach.

Stellen Sie sich mal vor, Sie unterhalten sich mit einem alten, guten Freund aus Ihrer Jugend, den Sie lange nicht gesehen haben. Zur Feier des Tages gehen Sie abends beim Italiener essen. Die Pasta schmeckt vorzüglich, der Lachs ebenso, ganz zu schweigen von dem Wein, Frascati übrigens. Nicht zu erwähnen die Limoncelli, die Ihnen zur angenehmen Verdauung gereicht werden. Sie und Ihr Freund unterhalten sich bestens, Sie amüsieren sich über das Aussehen der Tortelloni, die Sie an das Gesicht eines alten Lehrers erinnern, Sie runzeln die Stirn bei ernsten Themen, Sie kommen von Hölzchen auf Stöckchen und landen aus irgendwelchen Gründen, wie das so geht an langen, likörgetränkten Abenden, bei der Frage, wie weit eigentlich der Mond von der Erde entfernt sei. So was passiert. Ihr Freund kneift die Augen zusammen, starrt in die Luft und sagt etwas undeutlich: „Ich glaube, eine Million Kilometer." Hm, denken Sie, eine Million

Kilometer, das ist doch eher wenig, so im Weltraum ... oder doch zu viel? Sie haben schlicht keine Ahnung, nur so ein Gefühl, und haken nach: „Echt, meinste?" Und Ihr Freund nickt mit verdächtigem Nachdruck, leert sein Glas und behauptet: „Sicher, weiß ich ganz genau."

Also, zusammengefasst: Ihr Freund glaubt, dass der Mond eine Million Kilometer von der Erde entfernt ist; beziehungsweise er weiß, dass der Mond eine Million Kilometer von der Erde entfernt ist. Wo ist der Unterschied?

Da ist keiner. Nicht wirklich. Glauben und Wissen sind nur unterschiedlich nachdrückliche Betonungen derselben Behauptung: dass der Mond von der Erde eine Million Kilometer entfernt ist. Nicht wahr? Ihr Freund äußert sich zunächst im Modus „glauben". Damit sagt er: er weiß es nicht, tendiert aber persönlich zu der Meinung, dass der Mond soundsoweit entfernt ist. Ihr Freund trifft also für sich die Entscheidung: das stimmt. Aber eben nur für sich, für niemanden sonst, das maßt er sich erst mal nicht an. Wenn er hingegen danach äußert, er „wisse" es, ist das etwas anderes. Damit behauptet er, die Aussage sei unabhängig von seiner persönlichen Meinung relevant. Dass der Mond soundsoweit entfernt ist, soll nun für jeden gelten, immer und überall, generell.

Das ist dem Prinzip nach der Unterschied zwischen Glauben und Wissen. Individuell gegen generell.

Wohlgemerkt, beachten Sie: weder im einen noch im anderen Fall *beweist* Ihr Freund seine Aussage über die Entfernung des Mondes von der Erde. Das kann er auch gar nicht, Aussagen sind fast nie beweisbar. Wie auch?

Ihr Freund behauptet zweimal haargenau dasselbe, nur mit unterschiedlicher Betonung. Er sagt im ersten Fall: „Leg mich bloß nicht darauf fest." Und im zweiten: „Ich lege meine Hand dafür ins Feuer." In der Sache gibt es keinen Unterschied, die Sache ist so oder so nur eine Behauptung – die übrigens nicht mal stimmt: in Wahrheit ist der Mond im Schnitt 384 400 Kilometer von der Erde entfernt. Der Unterschied liegt nicht in der Sache, sondern in der persönlichen Haltung Ihres Freundes, der sich mal skeptisch und mal zuversichtlich zur selben Behauptung verhält. Dass er faktisch völlig danebenliegt, ist nur ein Schmankerl am Rande.

Sie fragen jetzt vielleicht: „Und das soll der ganze Unterschied sein zwischen Glauben und Wissen? Die Haltung?" Ja. Und lassen Sie sich nicht davon in die Irre führen, dass alle Welt das Wissen über den Glauben stellt. Gehen Sie diesem

Blendwerk nicht auf den Leim. In Wahrheit ist auch das sogenannte Wissen nur eine Form des Glaubens, und oft genug die unehrlichere und aufgeblasenere Form. Wenn Ihr Freund sagt: „Ich weiß, der Mond ist soundsoweit entfernt ..." – ist das nicht schlicht dreist? Und ist nicht genau das der Fall bei extrem vielen Dingen, die Menschen zu wissen glauben? „Zu wissen glauben" – merken Sie was?

Die Erde ist eine Scheibe. Die Sonne dreht sich um die Erde. Männer sind klüger als Frauen. Frauen sind schöner. Männer halten mehr aus. Frauen sind intuitiver. Geld ist gut. Mehr Geld ist besser. Sind das nicht alles dreiste, anmaßende, total hohle Behauptungen, die durch nichts bewiesen sind? Und genau deswegen, weil keiner was weiß, können die einen behaupten, sie glaubten daran, und die anderen, sie wüssten es mit Bestimmtheit. Das ist auch eine Art, ein Thema zu erledigen: durch Aneinandervorbeireden über Dinge, von denen keiner was Genaues weiß.

Die Frage „Glauben oder Wissen?" stellt sich nur bei Aussagen. Nur bei einer Aussage können Sie entscheiden, wie Sie sich dazu verhalten wollen. Eine Million Kilometer – glauben oder wissen? Die Frage „Glauben oder Wissen?" stellt sich aber niemals bei realen Erlebnissen. Wenn Sie etwas tun und es sich bewusst machen – spazierengehen, am Computer sitzen, Essen kochen, was auch immer –, gibt es daran nichts zu glauben oder zu wissen. Konkrete Erfahrungen fallen nicht in diese Kategorie. Klingt banal, ist aber eigentlich ziemlich interessant, finden Sie nicht?

Damit etwas in die Kategorie von Glauben und Wissen fällt, muss es erst einmal einen Prozess gedanklicher Verarbeitung durchlaufen. Es muss von einem realen Erlebnis zu einer theoretischen Aussage werden. Dann kann die Frage „Glauben oder Wissen?" auftauchen, also erst beim Nachdenken und Verstehen-Wollen oder Bewerten. Und das ist der Bereich des Spekulativen – „Spekulation", wörtlich: „Betrachtung".

Erinnern Sie sich an das Experiment vom Anfang, die „Rückkehr ins archaische Bewusstsein"? Fanden Sie es schwierig, die Welt mit den Augen eines Menschen von vor 30 000 Jahren zu sehen? Dann können Sie auch das hier mal versuchen: unterlassen Sie die Unterscheidung von Glauben und Wissen. Noch besser: unterlassen Sie Glauben und Wissen. Lassen Sie's, sehen Sie davon ab, nur fürs Experiment.

Jetzt fragen Sie vielleicht, wie das bitte gehen soll. Auf Kommando nichts mehr wissen und nichts mehr glauben?

Das geht. Klar, Sie und ich (wir alle) sind es anders gewohnt, aber das schadet nichts. Sie sind es vielleicht auch nicht gewohnt, auf dem Kopf zu stehen, aber es geht. Es ist in Maßen sogar gesund und vitalisierend und eröffnet auf jeden Fall einen neuen Blickwinkel.

Die Übung ist erneut ganz einfach. Sie sitzen da, in Ihren stillen 20 Minuten, draußen oder im Zimmer, egal, Sie vertrösten alles Dringende auf später – und Sie beantworten einfach keine Fragen. Das ist die Übung.

Im Denken, das kennen Sie ja, tauchen unablässig Fragen auf, und sofort macht sich das Denken seinem Beruf entsprechend auf die Suche nach einer Antwort, reflexhaft, vollautomatisch, ohne groß nachzudenken, könnte man fast sagen. Was für Fragen das sind, ist unerheblich. Es können existenzielle, tiefschürfende Fragen sein oder auch völlig banale wie etwa: soll ich das Licht anschalten oder nicht? Im Extremfall geht es dann so los: Sie stellen Überlegungen an, finden Gründe und Gegengründe, wägen ab, beschließen stattdessen, aufs Bauchgefühl zu hören, verwerfen das aber auch wieder, finden neue Gründe und so weiter. In diesem spekulativen Dickicht können Sie sich endlos lange herumtreiben, wenn Sie's darauf anlegen. Und irgendwann ist es dann so dunkel im Zimmer, dass die Frage sich von selbst beantwortet.

Oder, andere Frage, phasenweise sehr beliebt: was ist der Sinn des Lebens? Auch hier können Sie sich problemlos, sogar noch viel problemloser, in endlosen Spekulationen verirren.

Aber was ist die Alternative?

Die Frage schlicht zu vergessen. Tatsächlich, vergessen. Nicht die Frage abtun wollen als unwichtig oder unlösbar oder dergleichen, denn dadurch geben Sie der Frage nur Futter, die wird Ihnen dann nämlich widersprechen, und schon geht das Karussell in die nächste Runde. Vergessen also. Was passiert dabei idealerweise? Ihr Verstand beruhigt sich wie ein schäumender Bach, der eine Stromschnelle hinter sich gelassen hat und sich an die ganze Aufregung überhaupt nicht mehr erinnern kann. Ihr Blick wird klarer, und Sie sehen, was um Sie herum geschieht. Und, wer weiß, vielleicht ist das schon der ganze Sinn des Lebens. In der Natur jedenfalls sieht es nicht so aus, als würden sich Tiere oder Pflanzen die Frage nach dem Sinn vorlegen. Man könnte aber auch nicht sagen, dass sie deshalb unglücklich wirken.

Fragen zu vergessen ist natürlich nicht ganz so leicht, wie es sich hier liest, weil Fragen hartnäckig sind, speziell wenn man sie zu vergessen versucht. Das empfinden Fragen nämlich als ehrabschneidend, und das ist für sie geradezu die Aufforderung, sich in Pose zu werfen. Fragen zu vergessen, braucht Übung.

Wenn Sie eine Frage vergessen wollen, tauchen immer neue auf, oft dieselben in wechselnder Gestalt, wie Formwandler. Und Sie, was machen Sie damit? Sie hören hin! Vergessen ist nicht der Versuch, wegzuhören – das können Sie vergessen! Hören Sie frontal hin, ohne Scheu, aber hören Sie wie auf Geräusche ohne Bedeutung, wie auf Blätter, die im Wind rauschen, wie auf das Brummen Ihres Autos, wenn Sie auf der Autobahn fahren. All das ist sofort wieder vergessen.

Sie können zusätzlich auch folgenden Trick versuchen: fixieren Sie mit den Augen einen markanten Punkt, zum Beispiel die Zimmerecke oder den Türgriff, und halten Sie dann ein paar Sekunden lang den Atem an. Damit nehmen Sie den Fragen den Wind aus den Segeln, und vor Überraschung verstummen sie für Augenblicke. Experimentieren Sie. Es lohnt sich.

Vielleicht werden Sie feststellen, wie wenig Sie eigentlich glauben oder wissen müssen. Und wie klar und unverstellt Ihnen gerade dadurch die Wirklichkeit entgegentritt.

Spiritualität und Mystik

Das Wort „Spiritualität" geistert überall durch die Gegend, es ist in Mode, vor allem im Bereich von Wellness, Selbstentfaltung und Selbsterfahrung. Essen, Freizeit, Beziehung – alles ist spirituell aufgeladen, und man stellt sich dabei sanft lächelnde Menschen in modisch legerer Kleidung und in hellen Räumen vor.

Ursprünglich gehört das Wort Spiritualität aber in den Bereich der Religion, genauer der abendländischen Religion.

Kleine Wortkunde, falls Sie so was interessiert: Spiritualität kommt vom lateinischen „spiritus", das vom Bedeutungsumfang ziemlich genau dem griechischen „pneuma" und dem hebräischen „ruach" entspricht. Alle drei bedeuten primär Luft, Wind. Dann Atem, Lebensatem. Und schließlich Geist. Das in christlichen Texten und im Mittellateinischen dazu gebildete Adjektiv „spiritualis" bedeutet geistig, geistlich – also ungefähr „spirituell". Geistliche Begleiter in Klöstern oder Priesterseminaren heißen manchmal „Spirituale". Und „Spiritualität" ist ein modern gebildetes Substantiv.

Ist doch interessant, dass in allen drei genannten Sprachen jeweils derselbe Begriff ein Bedeutungsspektrum von Luft bis Geist umfasst, finden Sie nicht? Was für ein verbindender Gedanke steht dahinter? Vielleicht kann man sich auf diesem Weg dem annähern, was Spiritualität außerhalb von Wellness und hellen Räumen eigentlich meint.

So viel fällt auf: die Grundbedeutung ist durchweg Luft, Wind. Eine ganz konkrete Grundbedeutung also. Mit der konkreten Luft und dem Wind ist das aber so eine Sache, man kann sie nämlich, obwohl konkret, nicht sehen, sondern nur ihre Wirkungen: Blätter rascheln, Bäume biegen sich, Haare flattern. Und das unsichtbare Element, das daran schuld ist, ist der Wind. Daran ist er erkennbar: an der Bewegung, in die er versetzt. Schon vor 30 000 Jahren war Ihnen also klar, dass es ein Fluidum gibt, das selbst ungreifbar ist, nicht festzuhalten, nicht zu kontrollieren, und das trotzdem Dinge in Bewegung setzt.

Aber nicht nur das: dieses unsichtbare Fluidum ist nicht nur etwas, das die Dinge um Sie herum bewegt. Es bewegt auch Sie selbst, von innen her. Denn offenbar atmen Sie dieses Fluidum, so wie alle anderen auch. Sie ziehen es in sich hinein und blasen es wieder heraus, erzeugen dadurch selber Wind und haben Anteil an dem allgemeinen luftigen Austausch, der alle und alles belebt.

Bewegt und belebt. Atem ist Leben. Im Moment der Geburt tun Sie Ihren ersten Atemzug und mit dem Sterben den letzten.

Spiritus, pneuma, ruach bezeichnen das bewegende und lebenspendende Element, das alle und alles umgibt, Mensch, Tier, Pflanze, Gewässer und Stein. Es ist das Medium, in dem einfach alles, was geschieht, geschieht – überall gegenwärtig, in jeder kleinsten Ritze, in der Wüste, im Gebirge. Ist das nicht erstaunlich? Es steht überall scheinbar grenzenlos zur Verfügung – aber Sie können nicht darüber verfügen. Die ganze Natur hängt davon ab und bewegt sich darin, es muss also jenseits der Natur, im Hintergrund der Natur existieren …

All das zusammengenommen macht es zu einem großen Geheimnis. Zu etwas Heiligem. Und zugleich ist es, in seinen alltäglichen, ganz gewöhnlichen Wirkungen, völlig profan.

Hinter dem deutschen Wort „Geist" steht übrigens eine ganz ähnliche Vorstellung: „Geist" ist wurzelverwandt mit „gären" und hat zu tun mit „brausen", „wehen", „schäumen". Diese konkrete Grundbedeutung ist im Deutschen jedoch weitgehend verschwunden (das Grimm'sche Wörterbuch kennt noch ein mittel- bzw. niederdeutsches „geist, geest" in der Bedeutung „Hefe, Schaum"; vermutlich ist auch „Gas" mit derselben Wurzel verwandt).

Auch dem Begriff Geist liegt eine leibhaftige Anschauung und Erfahrung zugrunde, die Erfahrung bewegter Luft – analog zu spiritus, pneuma und ruach.

Was meinen Sie: vielleicht haben Sie vor 30 000 Jahren empfunden, dass Wind so etwas ist wie der Atem des Kosmos, der göttliche Atem der Welt, worin das Heilige machtvoll anwesend ist. Das wäre jedenfalls naheliegend. Und so umfasst die Bedeutung von spiritus wie von selbst neben dem Handfesten auch das Stofflose, „Geistige" – auf sehr organische Weise. Organisch für ein Weltgefühl, in der Glauben und Wissen oder heilig und profan oder Ewigkeit und Zeit einander nicht ausschließen. In Ihrer Welt vor 30 000 Jahren waren alle Übergänge fließend, erinnern Sie sich? Nirgends logische Widersprüche, nur verschiedene Aspekte oder Grade. So wie sich die Teile Ihres Körpers Gott sei Dank nicht widersprechen, sondern zu einem lebenden Organismus ergänzen.

Diese Sichtweise ist heute in unserem Kulturkreis ungewohnt, aber es ist nicht schwierig, sich ihr wieder anzunähern. Niemand außer Ihrer Gewohnheit zwingt Sie zum Beispiel, Schwarz und Weiß als Widersprüche zu betrachten. Sie können in ihnen auch die Endpunkte ein und derselben Farbskala erkennen, auf der es immer nur Übergänge und Abschattierungen gibt.

Spiritualität, von hier aus verstanden, ist die Beschäftigung mit der Erfahrung einer numinosen Anwesenheit, die ungreifbar und unbegreifbar ist, doch zugleich wirkmächtig und spürbar. Spiritualität ist, kurz gesagt, die vorsätzliche, bewusste Suche nach eben dieser Erfahrung.

Der Akzent liegt hier auf dem Wort „bewusst". Die Erfahrung des Heiligen ist so natürlich und naheliegend wie die Luft zum Atmen. Das folgt doch aus alledem, was Sie bisher gelesen haben. Was sagen Sie dazu? Problem nur: dass die Erfahrung des Heiligen so natürlich ist, ist Ihnen und mir (uns allen) so gut wie nie bewusst. Es ist Ihnen so gut wie nie bewusst, dass Sie sich in einem heiligen Fluidum des Lebens bewegen, oder? Deswegen ist es zunächst auch sehr schwer, diese einfache Erfahrung in ihrer existenziellen Tiefe auszumessen. Das aber, Sie ahnen's, könnte entscheidend sein für Ihr Leben.

Stellen Sie sich mal vor, Ihnen wäre in jedem Augenblick vollkommen bewusst, in welcher

Anwesenheit Sie sich befinden. Ihnen wäre bewusst, wie nahe Ihnen das Heilige jetzt gerade ist, während Sie irgendwo sitzen und das hier lesen. Sie wüssten: das Heilige ist hier zwischen mir und diesen Zeilen, ich schaue gerade mitten durch das Heilige hindurch. Ich atme es. Es ist aber auch in diesem Buch und überhaupt ringsum, vor mir, hinter mir, über mir. Und wenn ich lausche, kann ich es mitten in der Stille hören …

Das alles wäre Ihnen ganz und gar bewusst, bis in den letzten Winkel Ihres Bewusstseins – würde das nicht Ihr ganzes Leben ändern? Gar nicht spektakulär, sondern ganz schlicht und gleichsam von innen her.

Was würde sich ändern? Äußerlich vielleicht gar nicht viel. Sie würden weiter arbeiten, mit Ihrer Familie in Urlaub fahren und mit Ihren Freunden beim Italiener essen, Sie fänden Birken immer noch schön, und Spinnen würden Sie immer noch wahnsinnig machen. Nichts wäre anders. Nur das Entscheidende. Sie hätten nämlich nicht mehr das brennende Gefühl, das Sie vor sich hertreibt, Sie müssten in all dem nach Sinn und Erfüllung suchen, nach dem eigentlichen Leben, in Arbeit, Familie, Sport oder sonst wo. Diese „Große Suche" wäre dann ein für allemal vorbei.

Nichts anderes ist das Ziel von Spiritualität: die Große Suche nach dem Grund und Ziel des Lebens ans Ende zu bringen.

Und wie geht das? Durch Bewusstheit. Spiritualität ist das Bestreben, das alltägliche Leben, mit Höhen und Tiefen, Freude und Trauer, Beruf und Privatleben, mit all den tausend Details zwischen Ihrem Aufstehen und Einschlafen und darüber hinaus – all das mit Bewusstheit zu erfüllen, all das bewusst wahrzunehmen. Und damit haben Sie bereits das Wesentliche erreicht, nämlich die Erkenntnis, dass es außerdem nichts Wesentliches zu erreichen gibt. Dass im Augenblick nichts wirklich existiert als dieser Augenblick.

Das klingt alles sehr simpel und eigentlich trivial, nicht wahr? Spiritualität als Bewusstsein des Augenblicks. Das soll es schon sein? Ja, das ist es schon. Das Heilige oder Göttliche, der Urgrund, Brahman, die Weltseele oder wie auch immer die Religionen dazu sagen, ist genau hier im alltäglichen Augenblick anwesend. Wo auch sonst? In Kirchen, Tempeln oder Heiligtümern, sagen Sie vielleicht. Natürlich, Sie können dem Heiligen auch dort begegnen, und vielleicht machen diese Orte Ihnen die Erfahrung leichter, mit ihrer dichten Atmosphäre, der Stille, dem Licht, den Darstellungen. Aber die Erfahrung selber ist ortsunabhängig. Entscheidend ist nur Ihre Haltung: Bewusstheit. Dann ist der Augenblick der Tempel.

Ein Wort, das gern in der Nachbarschaft von „Spiritualität" auftaucht, ist Mystik. Mystik kommt vom griechischen mystikós „geheim, geheimnisvoll, die Geheimlehre betreffend". Es geht also um Geheimwissen im Bereich der Religion.

Jede institutionalisierte, organisierte Religion hat eine Außen- und eine Innenseite, eine „exoterische" und eine „esoterische" Seite. Also eine Schaufassade und das wahre Leben dahinter. Das gilt vermutlich für alles, was Menschen tun. Zur äußeren, exoterischen Seite einer Religion gehört alles Sichtbare, alles, was zu ihrer Struktur und konkreten Gestalt gehört. Zum Beispiel heilige Schriften, Riten, Gebetstexte, Kultgegenstände, religiöse Begriffe, Theologie, Dogmen und so weiter. Exoterisch am Katholizismus sind zum Beispiel Messgewänder und der Papst. Am Protestantismus: das Beffchen und Luthers Thesen.

Im esoterischen Bereich hingegen geht's ums Eingemachte, um die Substanz, den Kern, die Essenz. Also um das, dessentwegen die äußere Gestalt überhaupt da ist: das Heilige also. Ohne diesen inneren Kern ist alles nur ein Potemkinsches Fassadendorf.

Verblüffenderweise sind in ihrem Kern die unterschiedlichsten Religionsformen aus den verschiedensten Zeiten und Kulturen einander erstaunlich ähnlich, wenn sie auch von außen so verschieden aussehen wie Hinduismus und Christentum. Das ist aber in Wirklichkeit gar nicht verblüffend, weil das Heilige, um das sich ja alles dreht, natürlich jedes Mal dasselbe ist. Die Unterschiede liegen nicht im Heiligen selbst, sondern in der Art und Weise, wie damit umgegangen wird. Also im exoterischen Bereich. Da kommen kulturelle Unterschiede, Traditionen, Mentalitäten und so weiter ins Spiel und führen zur Ausbildung von ganz unterschiedlichen Praktiken und Glaubenssystemen. Und auch zu unterschiedlichen Namen für dasselbe Heilige.

Schauen Sie sich Hinduismus und Christentum von außen an: Sie werden extrem viele Unterschiede erkennen. Das fängt bereits mit dem netten Detail an, dass der Hinduismus viele Götter hat, das Christentum hingegen nur einen, und setzt sich fort in der Lehre von der Wiedergeburt, die das Christentum entschieden von sich weist, und so weiter.

Das Exoterische einer Religion ist für jeden sichtbar und zugänglich. Sie können Gottesdienste oder andere rituelle Feiern besuchen, heilige

Texte lesen, Glaubenssätze lernen, und Sie können, wenn Sie darauf erpicht sind, Ihr Äußeres komplett in das eines buddhistischen Mönches verwandeln, mit Glatze und Umhang.

Der esoterische Kern hingegen ist nicht jedem wie von selbst zugänglich. Überlegen Sie: das Heilige, wie soll man dorthin gelangen? Dafür braucht es etwas anderes als Nachahmung und äußerliche Beschäftigung. Sie haben sicher auch schon gemerkt, dass zum Beispiel die Lektüre der Bibel nicht zwangsläufig zur realen Erfahrung des Heiligen führt. Im Gegenteil kann das sogar den Zugang zur Erfahrung erschweren. Das ist das Problem. Auf äußeren Wegen kommt man nicht automatisch nach innen.

Den inneren Kern, wo es um nichts anderes geht als das namenlose, religionsunabhängige Göttliche, Heilige, diesen inneren Kern können Sie nur persönlich erfahren. Und dabei helfen Ihnen keine Bücher, sondern nur praktische Übung. Der innere Kern ist gegenüber der äußeren, meistens ziemlich prächtigen Gestalt verborgen, geheimnisvoll, geheim. „Mystisch".

Mystik und Spiritualität haben beide die Erfahrung des Heiligen zum Gegenstand. Der Akzent bei der Mystik liegt jedoch auf dem Aspekt des Geheimen, in das der Mensch erst eingeweiht wird.

Mystik ist die stufenweise Einweihung in das innere Mysterium. Und dafür braucht es Experten, sogenannte Mystagogen, geistliche Führer, Lehrer, Meister, Gurus und dergleichen, die das innere Mysterium bereits erfahren haben und Hilfestellung leisten können.

Gegenüber der Mystik, die dunkel und vielleicht streng wirkt, ist die Spiritualität offener und individueller. Das könnte auch der Grund dafür sein, dass sie von der Wellnessbewegung vereinnahmt werden konnte. Aber auch im Bereich der Spiritualität ist nicht alles leicht. Auch hier braucht es Experten, die wissen, wovon sie reden. Der Weg, den die Spiritualität beschreitet, wenn sie ernstgemeint ist, ist nämlich am Ende auch kein anderer als der Weg der Mystik.

In der Spiritualität steht der Gedanke der stufenweisen Einweihung eher im Hintergrund. Aber dafür wird von Ihnen erwartet, dass Sie irgendwann ins Leere springen, ins Nichtwissen. Auch nicht so witzig.

Religionen und Gottesbilder

Ursprünglich, Sie erinnern sich ja noch an die Zeit vor 30 000 Jahren, waren das Heilige und das Profane nicht getrennt. Dann tauchten sogleich, ganz organisch, Verkörperungen auf, zum Beispiel Sonne und Erde, in denen heilig und profan aber auch nicht getrennt waren. Vielmehr verkörperten solche Verkörperungen das Heilige *im* Profanen und das Profane *im* Heiligen. So weit gut.

Aus diesem ursprünglichen, lebensgemäßen Zusammenhang nun haben sich im Laufe der Jahrtausende und Jahrhunderte die verschiedenen Vorstellungen, Religionen, Glaubenssysteme ausgefaltet. Und auch die verschiedensten Vorstellungen davon, was jeweils als heilig zu gelten hat und zu verehren ist. Also die verschiedensten Vorstellungen vom Göttlichen, von den Gottheiten, von Gott.

Aber eins muss klar sein: was immer sich hier ausgefaltet hat, so komplex die Glaubenssysteme heute auch sein mögen – und mit Komplexität haben alle Weltreligionen zu kämpfen, vor allem auch die „Buchreligionen" Judentum, Islam und Christentum –, es handelt sich immer um dasselbe Heilige. Es gibt kein anderes. Dies ist der Kern, der mystische Mittelpunkt jeder beliebigen Form von Religion, wie sie auch heißt.

Dass Naturerscheinungen mit ihren unterschiedlichen Qualitäten gleichgesetzt werden mit unterschiedlichen Gottheiten, geschieht mit innerer Konsequenz. So entsteht quer durch die verschiedenen Epochen und Kulturen der Menschheit eine schier unüberschaubare Vielzahl von polytheistischen Götterwelten jeder beliebigen Couleur, mal mit Dutzenden, mal mit ein paar Handvoll Gottheiten bevölkert. Als Gottheit kann unter Umständen recht vieles gelten, auch was anderswo Dämonen sind oder Halbgötter und dergleichen, je nach Geschmack, Perspektive und Ordnungssystem.

Polytheistische Religionen mit vielen Gottheiten sind so häufig, dass sie wohl als Normalfall gelten können. Aber es gibt auch andere Religionen, zum Beispiel solche, die einen Monotheismus hervorgebracht haben.

Hierzulande, im ganzen Abendland, sind wir in einer monotheistischen Tradition aufgewachsen, und das prägt unser Bild vom Polytheismus erheblich. Haben Sie, wenn Sie das Wort „Polytheismus" hören, nicht auch die Vorstellung von armen Einfaltspinseln mit einer eher läppischen Vorliebe für Folklore und Nippes, die sich vor irgendwelchen bunten Schreinen mit seltsamen Heiligenfiguren niederwerfen? Oder was genau stellen Sie sich vor?

Polytheismus ist nicht genau das, was sich das christliche Abendland im Allgemeinen darunter vorstellt, und zwar seit etlichen Jahrhunderten. Schuld daran sind Theologie und Kirche, die sich wiederum auf das Alte Testament beziehen können. Natürlich sind solche Darstellungen extrem tendenziös, trotzdem prägen sie das Bild ziemlich nachhaltig bis auf den heutigen Tag.

Schon das Alte Testament betrachtet den Polytheismus der „Heiden" aus nachvollziehbaren Gründen mit wenig Sympathie. Sondern vielmehr grundsätzlich und immer als Fehlform, als grandiose und tödliche Abirrung, und entsprechend vernichtend fällt das Urteil aus. Verknappt gesagt läuft die Sache auf den simplen Gegensatz hinaus: „ein Gott gegen tausend Nichtse". Dass die Götter der Heiden „Nichtse" sind, steht tatsächlich so im Alten Testament. Eine schöne polemische Formulierung, nicht wahr, plakativ, einprägsam und gut zu vermitteln, auch wenn sie den Kern der Sache überhaupt nicht trifft.

Schauen Sie doch mal: wenn Sie zum Beispiel ein gläubiger Hindu wären, dann könnten Sie, wenn Sie es darauf anlegen, zu einem Dutzend Gottheiten, männlichen wie weiblichen, beten, Sie könnten ihnen danken, opfern und sich vor ihren Schreinen niederwerfen. Aber verfallen Sie dabei allen Ernstes auf den Irrtum, dass sich in diesen Schreinen „in Wirklichkeit" zwölf Gottheiten befinden, die Ihnen auffordernde Blicke zuwerfen? Ich bitte Sie.

Als Hindu wäre Ihnen vollkommen klar und bewusst, dass alle von Ihnen verehrten Haupt- und Untergottheiten nur verschiedene Facetten, Qualitäten, Verkörperungen des einen Heiligen sind. Und genau deswegen sind die Verkörperungen ja auch mehr oder weniger flexibel. Eine Gottheit mehr oder weniger – wo ist der Unterschied? Zwei Gottheiten fallen in eine zusammen oder in drei auseinander – spielt keine Rolle. Im Pantheon geht's manchmal zu wie auf dem Rummelplatz, aber das kann ja auch ganz schön sein. Polytheistische Religionen sind bunt, aber nicht blöd.

Vor allem sind sie deutlich toleranter und assimilationsfreudiger gegenüber anderen Gottheiten als monotheistische Religionen. Was logisch ist, denn die dürfen ja gar keine anderen Gottheiten gelten lassen, und wenn Ihnen dabei jetzt zufällig die Kreuzzüge oder andere militärische Exzesse einfallen, liegen Sie nicht falsch.

Die Gottheiten im Polytheismus leben miteinander in Begegnung und Austausch, es geht zwar auch nicht immer friedlich zu, und manchmal herrscht sogar Feindschaft. Erinnern Sie sich noch an die griechische Mythologie? Zum Beispiel an Zeus und Hera, die beiden Hübschen, die sich dauernd streiten? Und als ihr Sohn Hephaistos einmal zur Mutter hält, packt ihn der Vater und schmeißt ihn vom Olymp. Sitten wie im alten Rom.

Aber keine Gottheit schließt ihre Nachbarin schon vom Prinzip her aus, keine versucht, allen anderen zu beweisen, dass sie gar nicht existieren. Wohin soll das auch führen? Zu einem leeren Himmel? Abwegige Vorstellung.

Der Himmel ist voll von Gottheiten, wovon sonst, und eine mehr oder weniger berührt die Essenz des Heiligen nicht im geringsten. Jede Göttin und jeder Gott hat schön seine Zuständigkeiten, und das Schöne an dieser Vielfalt ist, wie einfach, sinnfällig und nachvollziehbar sich darin die Vielfalt der Welt abbildet. Menschliche Verhaltensweisen, Gefühle, Beziehungen, Naturvorgänge, einfach alles erhält seinen Hintergrund und sein Spiegelbild im Pantheon, wo Götter miteinander leben, hadern, sich paaren und einander auf die Mütze hauen. Das macht den Polytheismus offen, volkstümlich und lebensnah.

Ein Zweites, was ihn so lebensnah macht: Gottheiten sehen aus und benehmen sich wie Personen, und jede Gottheit hat entsprechend ihrer jeweiligen Qualität ein eigenes Gesicht. Sie können mit ihr auf Du und Du umgehen, die Kräfte, die sich in ihr verkörpern, das Heilige, das in ihrem Hintergrund wirkt, werden ansprechbar. Der Umgang wird menschlich, direkt und einfach.

Vor allem verkörpert sich in personalen Gottheiten etwas, das auf andere Weise kaum zu greifen ist: die Erfahrung einer numinosen Anwesenheit.

Person, Subjekt, Individuum

Numinose Anwesenheit – was soll das eigentlich heißen?

Erinnern Sie sich: die Erfahrung des Heiligen ist nichts Abstraktes oder Sächliches, es ist nicht die Erfahrung einer neutralen Kraft, Macht oder Ordnung. Ich weiß, ich habe diese Begriffe leider verwendet, aber was soll man machen? Man darf sie halt nicht trocken technisch, sondern muss sie organisch verstehen. So wie zum Beispiel im Wachstum einer Pflanze sich keine kühl mechanische, sondern eine natürliche, warme, organische Kraft und Ordnung entfaltet, die wohlgeformte und zugleich höchst lebendige Blattformen und -muster hervorbringt.

Die Erfahrung des Heiligen ist das genaue Gegenteil von sächlich oder neutral. Sie ist der intensive, manchmal sogar regelrecht überwältigende Eindruck einer unmittelbaren Nähe, einer starken Anwesenheit. Der Eindruck: Sie werden angeschaut, ein Gesicht wendet sich Ihnen zu, ein Antlitz.

Solch ein Gefühl von Anwesenheit kennen Sie im Alltag nur in Gegenwart von Personen. Deshalb wäre es kein Wunder, wenn die Erfahrung des Heiligen, wenn Sie hinterher darüber nachdenken, Sie vielleicht an die Anwesenheit einer Person denken lässt. Wurden Sie etwa nicht angeschaut? Von wem sonst, wenn nicht von jemandem? Nur Personen können das. Nur Personen haben Gesichter, nicht wahr?

Nein, alles hat Gesicht.

Aber der Reihe nach.

„Person", vom lateinischen „persona", bezeichnet ursprünglich die Maske des Schauspielers. Das ist Ihnen ja vielleicht bekannt, dass im antiken Theater die Darsteller mit Masken auftraten, mit typenhaften oder auch fratzenhaften Masken, die der Rollenfigur ihr typisches „Gesicht" gaben. Und so bezeichnet Person also vom Ursprung her in einem sehr wörtlichen Sinn das Gesicht. Allerdings, wohlgemerkt: das unechte Gesicht, das Maskengesicht, unter dem ein anderes Gesicht verborgen liegt. Die „Person" ist das Gesicht der Rolle, die gerade gespielt wird. Und die „Personen" ein und desselben Darstellers wechseln je nach Theaterstück. Übertragen heißt das: Ihre Person wechselt je nach dem Umfeld, in dem Sie sich bewegen. Sie sind jeweils eine andere Person, und das haben

Sie vielleicht auch schon als unangenehm empfunden, je nachdem, ob Sie zu Hause sind, im Beruf, beim Sport, in der Freizeit, im Urlaub, ja in Wirklichkeit sogar vom Wetter, der Jahreszeit, der Tageszeit, abhängig von Ihrer körperlichen Verfassung und so weiter. Der Personen ist schier kein Ende. Mit Ihren Kindern sind Sie geduldig, Ihre Kolleginnen behandeln Sie frostig, beim Sport sind Sie verbissen, und richtig lachen können Sie nur im Urlaub, aber auch nur bei Sonne. Bei Regen wird Ihnen trüb zumute, und im Winter legen Sie manchmal Ihr Kinn aufs Fensterbrett und starren hinaus in die kalte Luft.

Sie zeigen, wenn auch manchmal nur in Nuancen, immer ein anderes Gesicht, eine andere „Person". Und zwar automatisch, im Reflex, Sie müssen es sich nicht vornehmen. Das alles ist vollkommen natürlich. So natürlich, dass Sie und ich (wir alle) gerade diese Art, in unterschiedlichen Umgebungen unterschiedliche Gesichter zu zeigen, für typisch menschlich halten. Das „Personale" gehört zum Menschen, zur menschlichen Psyche, zu menschlichen Beziehungen, wie die Flossen zum Fisch.

Und Ihre Fähigkeit, nicht nur automatisch die Personen zu wechseln, sondern auch absichtlich, auf Deutsch also: die Fähigkeit zu Unehrlichkeit,

Verstellung und Lüge, beruht genau auf dieser menschlichen „Personalität". Sie ermöglicht überhaupt erst das allgemeine Versteckspiel, das wozu eigentlich gut ist? Zu Ihrem Schutz, denn die menschliche Psyche ist ein empfindliches Gewächs und verträgt weder direktes Licht noch kalte Luft.

Im menschlichen Verhalten stellt sich oft die Frage nach dem eigentlichen Gesicht hinter den absichtlichen oder reflexhaften Verstellungen, die Sie und ich (wir alle) dauernd an den Tag legen. Die Frage nach dem Gesicht hinter den Masken.

Schon aufgefallen, dass sich im Angesicht der Natur die Frage aber nie stellt? Oder haben Sie das Gefühl, dieser Baum oder jener Hase geht nicht ehrlich mit Ihnen um? Die Natur zeigt immer ihr unverhülltes Gesicht. So wie das Heilige. Das Heilige begegnet nicht unter Masken, sondern in Verkörperungen. Das ist ein gewaltiger Unterschied. Wenn Sie das Heilige wie eine „Person" ansehen, hinter der das wahre Gesicht erst entdeckt werden müsste, dann begehen Sie einen Fehler. Sie suchen an der falschen Stelle. Das wahre Gesicht des Heiligen schaut Sie bereits an. In Stein, Pflanze, Tier und Mensch. Alles hat Gesicht.

Leider ist es so, dass der gewöhnliche Gebrauch des Wortes „Person" die ursprüngliche Bedeutung verschleiert. Person heißt gewöhnlich nämlich annähernd so viel wie „Individuum" oder auch „Subjekt". Es wäre ganz interessant, sich das mal genauer zu betrachten, was halten Sie davon?

Von der Wortbedeutung her ist das Individuum das „Ungeteilte". Das griechische Wort „Atom" heißt übrigens dasselbe: ungeteilt.

Das Subjekt ist das „Zugrundeliegende", „Fundamentale". Gegenbegriff zu Subjekt ist Objekt, das „Gegenüberliegende", der „Gegenstand".

In beiden Fällen, Individuum und Subjekt, ist die Grundidee: sich selbst genügen, in sich ruhen.

Individuum oder Subjekt sind „selbstbestimmt", griechisch: „autonom". Alles, was das Individuum oder Subjekt ist und hat, ist und hat es aus sich selbst heraus. Körper, Gedanken, Gefühle, Wünsche und so weiter, alles ist sein Eigentum. Das Subjekt, Individuum besitzt sich selbst und verfügt mehr oder weniger frei über sich selbst. Das ungefähr ist die allgemeine Vorstellung, die Menschen von sich haben. Sie meinen, ihre eigenen Urheber zu sein.

Das ist eine ziemlich verschrobene Vorstellung, nicht wahr? Wie soll das gehen? Klingt wie eine egozentrische Kopfgeburt, bei der vor allem der Wunsch Vater des Gedankens ist. In Wirklichkeit ist doch kein Mensch so autonom, wie er's gerne hätte. Menschen existieren niemals isoliert, niemals aus sich selbst heraus, zu keinem einzigen

Zeitpunkt, von der Zeugung an. Sie sind in immerwährendem Austausch mit der Umwelt, in permanenter Abhängigkeit, schon rein physisch und biologisch. Atmen, essen, trinken, da fängt's schon an. Für all das brauchen Sie eine Umwelt, die Sie atmen, essen und trinken können. Ganz zu schweigen davon, dass Menschen ohne soziale Kontakte gar nicht lebensfähig sind.

Aber der Vorstellung, dem Wunsche nach ist das Individuum oder Subjekt schön in sich selbst geschlossen und „abgegrenzt", das heißt wörtlich: „definiert".

Sie erinnern sich: die Erfahrung des namenlosen Heiligen ist die Erfahrung einer Anwesenheit. Sie werden angeschaut – aber nicht von einem individuellen Gegenüber. Es ist kein Subjekt, das hier anwesend ist. Und solange Sie in der Erfahrung sind, im heiligen Augenblick, kommt Ihnen das auch gar nicht in den Sinn. Erst hinterher fühlen Sie sich genötigt, das womöglich so zu deuten. Was Sie in der Erfahrung anschaut, ist auch kein verhülltes Gesicht, von dem Sie das Gefühl hätten, Sie müssten es entschleiern. Es ist keine „Person". Sondern die reine, subjektlose Anwesenheit, strahlend, klar, erfüllt und hellwach.

Ja, es ist wirklich eine ganz außerordentliche Erfahrung, wenn Sie darüber nachdenken. Und es fällt ziemlich schwer, sie nicht mit irgendwelchen „Personen" oder „Subjekten" in Verbindung zu bringen. Da muss doch jemand sein, eine Gottheit, viele Gottheiten!

Da ist aber niemand. Keine Person, kein Subjekt, kein Individuum. Nichts Abgrenzbares, Fassbares, Isolierbares. Nur Angeschautwerden. Schwer zu begreifen, nicht wahr?

Vielleicht so: denken Sie an eine Situation, in der Sie von einem anderen Menschen, der Ihnen sehr vertraut ist, mit stiller, freundlicher Aufmerksamkeit angeschaut werden, nur angeschaut, sonst nichts. Nichts liegt in diesem Blick, keine versteckter Vorwurf, keine Frage, kein Mitleid, der Blick will sie nicht prüfen, er will überhaupt nichts von Ihnen. Er schaut sie nur an. Deshalb ist hier auch nichts Unangenehmes, Bedrängendes, gar nichts. Es ist ein ganz schlichter, stiller Augenblick schweigenden Einvernehmens. Achten Sie auf das Gefühl, das solches Angeschautwerden in Ihnen auslöst. Dieses Gefühl behalten Sie, während Sie den Menschen, der Sie anschaut, allmählich vergessen. Denken Sie ihn weg. Das Gefühl aber bleibt unverändert. Denken Sie: alles schaut Sie an. Ganz ähnlich ist es im heiligen Augenblick. Da ist niemand.

Und genau da liegt der heikle Punkt des Glaubens an Götter. In dem verführerischen Eindruck, das Heilige sei ein Individuum. Also im Grunde ein Mensch wie Sie und ich, nur ohne unsere menschlichen Beschränkungen und Mängel. Das Heilige ist aber niemals ein Individuum, auch wenn eine Theologie in solchen Begriffen davon spricht oder ein Kult individuelle Gottheiten verehrt. Das Heilige ist antlitzhaft. Gottheiten als Individuen behandeln darf eigentlich nur der Mythos. Oder eine mythenähnliche Redeweise, zum Beispiel ein Gleichnis oder eine Allegorie.

Leider beharrt gerade die christliche Tradition mit Nachdruck darauf, Gott sei ein personales Individuum, und zwar nicht im übertragenen Sinn. Und Theologie und Kirche bemühen sich seit Jahrhunderten immer wieder, den Nachweis zu führen, dass Gott gar nicht anders sein kann oder darf. Die Argumentation läuft ungefähr so: Gott erscheint in der Bibel als Gegenüber, als Vater, Schöpfer, Hirte, König der Welt, Kriegsheld, Bundespartner, er ist ansprechbar im Gebet. So ein Gegenüber kann er ja aber nur dann sein, wenn er Subjekt ist. Oder? Gott muss also, dieser Logik nach, so sein – wie Sie. Er muss menschlich sein. Darauf läuft es ganz schlicht hinaus. Und schon ein winziger Blick in die Bibel sowie in kirchliche Aussagen über Gott bestätigt das. Gott ist wie Sie, nur in Allmächtig.

Das ist aber falsch gedacht, es schießt übers Ziel hinaus. Dass Sie angeschaut werden, heißt eben nicht zwangsläufig, dass jemand anwesend ist. Die reale Erfahrung des Heiligen spricht eine andere Sprache.

Monotheismus

Wie alles andere auf dieser Welt, so sind auch Religionen gewachsene Größen. Sie sind geschichtlich gewachsen, aber geschichtliches Wachstum ist nur eine Spielart von organischer Entwicklung, von natürlicher Evolution. Die im Falle menschlicher Gesellschaft eben „Geschichte" heißt. Von Religionen kann man die Entwicklungsgeschichte nachzeichnen, und bisher ging es darum, wie die Erfahrung des Heiligen in die Ausbildung von Religionsformen mit mehreren Gottheiten mündet, die als Verkörperungen verschiedener Facetten des Heiligen gesehen werden.

Von hier, vom Polytheismus aus führt der Weg nun weiter zum Ein-Gott-Glauben, dem Monotheismus.

Wobei ich Sie gleich auf Folgendes hinweisen möchte: Monotheismus bedeutet, wenn man es ganz genau nimmt, nicht einfach den Glauben an einen Gott. Es könnte ja auch viele Götter geben, Sie glauben aber eben nur an einen davon. Monotheismus ist der Glaube daran, dass es überhaupt nur einen einzigen Gott gibt. Das griechische „monos" bedeutet „einzig" oder „allein". Finden Sie das ein bisschen spitzfindig? Ist es vielleicht auch, aber nicht ohne Relevanz, Sie werden sehen.

Der Monotheismus im Abendland hat eine vielhundertjährige Geschichte. Denken Sie einmal tausend Jahre zurück, diesmal nur tausend, und Sie werden spüren, wie der Monotheismus Ihr ganzes Weltgefühl, Ihre Mentalität, Ihr Selbstverständnis als Mensch prägt. Sie können die Wirksamkeit dieser Prägung kaum überschätzen. Die gesamte christlich-abendländische Geschichte steht sowohl als Kirchen- wie auch als profane Geschichte unter ihrem Bann, wenn man so will. Im Grunde ist ein Unterschied von kirchlich und profan sogar Unsinn. Schauen Sie sich um, vor tausend Jahren. Der Unterschied existiert gar nicht, und Sie können ihn nicht einmal begreifen. Zwischen was soll da unterschieden werden? Kaiser, Päpste, Könige, Fürsten, Domherren, wer auch immer irgendeine Form von Herrschaftsgewalt ausübt, beruft sich dabei auf den einen Gott. Von seinen Gnaden rührt die eigene Macht. Und es ist einerlei, ob es die Macht von Kirchenoberhäuptern oder Reichsgrafen ist. Die umfassende Verfügungsgewalt der Mächtigen über so ziemlich jeden Ihrer Lebensbereiche, wenn Sie sich mal als Untertan denken, ist die direkte Folge, die Fort- und Umsetzung der allumfassenden Verfügungsgewalt des einen Gottes. Es ist eine grandiose, kosmische Kette von einander über- und untergeordneten Hierarchien, und Sie stecken da irgendwo drin, vermutlich eher am unteren Ende als am oberen.

Und so war das jahrhundertelang. Und es steckt irgendwie auch heute noch in den Köpfen. Woher sonst kommt die Vorstellung, Macht sei gut? Die Vorstellung, es müsse jemanden geben, der Anweisungen gibt, immer schön hierarchisch von oben nach unten? Ist doch seltsam, gerade in demokratischen Zeiten. Und wer Macht hat, dem haftet automatisch ein Glanz von Schönheit und Wahrheit an, auch wenn er Dreck am Stecken hat. Was meinen Sie, könnte das auch eine Frucht des Monotheismus sein?

Wo kommt er aber her?

Wie gesehen, ist es möglich und sogar recht naheliegend, das Heilige in vervielfachter Gestalt zu begreifen, in Gestalt unterschiedlicher Gottheiten. Das Heilige zeigt sich im Profanen ja genau so, in unterschiedlichen Aspekten. Natur, Pflanzen, Tiere, Mineralien, Kosmos, Sterne, Himmelskörper, Wetter, Gefühle, Beziehungen, Liebe, Hass, Krieg, Leben, Krankheit, Sterben, Tod und so weiter. Überall manifestiert sich die Erfahrung von Sinn, Wesen und Grund auf unterschiedliche Weise, und entsprechend gibt es unterschiedliche Gottheiten als entsprechende Verkörperungen. Aber wer ein rechter Polytheist ist, vergisst nicht, dass es trotzdem nur ein Heiliges gibt.

Das kann nun eine interessante Folge haben, und hat es auch oft. Nämlich dass im Pantheon der Gottheiten eine einzelne Gottheit zur wichtigsten wird. Als Obergottheit, Göttervater oder -mutter oder ähnlich.

Die anderen Gottheiten bewohnen aber weiterhin wohlbehalten den Götterhimmel, an ihnen ändert sich nichts. Sie geraten nur mehr oder weniger stark in Abhängigkeit von dieser Obergottheit, die das Heilige am macht- und eindrucksvollsten verkörpert. Denken Sie zum Beispiel an Zeus, den donnerkeilschwingenden Göttervater. Aus nachvollziehbaren Gründen steht diese Obergottheit gern in Verbindung mit existenziellen Erscheinungen: mit der Sonne, der Erde, mit Bergen, mit Blitz und Donner, mit Geburt und Tod.

Das ist, wie Sie sehen, noch kein Monotheismus in dem Sinn, den ich weiter oben spitzfindig erläutert habe. Das Pantheon ist nach wie vor voller Gottheiten. Eine davon steht jedoch im Zentrum, und dieses Phänomen heißt in der Religionswissenschaft „Henotheismus" oder „Monolatrie". Henotheismus bedeutet: Glaube an einen Gott, von „hen", griechisch, „eins". Dass es überhaupt nur einen einzigen Gott gäbe, wie im Monotheismus, behauptet der Henotheismus nicht. Eine Gottheit spielt aber die entscheidende Rolle, und deshalb ist es möglich, nur diese eine zu verehren. Und das bedeutet „Monolatrie", die „Verehrung eines Einzigen", ohne dass dadurch andere geleugnet würden. Im Unterschied dazu der Monotheismus: er leugnet die Existenz anderer Gottheiten.

Der Monotheismus, das legt die Religionswissenschaft nahe, ist die Fortführung und Zuspitzung des Henotheismus. Die anderen Gottheiten verblassen neben der Obergottheit und verschwinden nach und nach, oder sie werden von der Obergottheit eingesaugt wie in ein Schwarzes Loch und assimiliert.

Dieser Vorgang wirkt aber nur sehr bedingt wie eine organische Weiterentwicklung, sondern erscheint bei näherem Hinsehen eher vorsätzlich und von außen gesteuert. Jedenfalls im Fall des abendländischen Monotheismus, der auf dem Alten Testament ruht.

Das Problem
des personalen Monotheismus

Das Alte Testament ist weder ein historisches Werk noch ein theologisches. Sondern ein Mischung von beidem. Eine Kreuzung, ein Hybrid. Wie ein Maultier oder ein Elektroauto mit Verbrennungsmotor.

Historie und Theologie durchdringen sich im Alten Testament auf eine Weise, dass man manchmal ganz wirr im Kopf wird. Manchmal erinnert das Ganze an Mythologie, manchmal streift es Sage und Legende. Sage und Legende gehen ja zurück auf historische Ereignisse, sie überformen diese jedoch, und zwar so, dass am Ende bestimmte Aussagen dabei herauskommen. Und die sind natürlich nicht gerade zufällig. Sage und Legende machen sich die Historie dienstbar.

Das Alte Testament geht stellenweise ähnlich vor. Und bevor Sie jetzt empört aufschreien, ich würde der Bibel einen laxen Umgang mit der Wahrheit unterstellen: das habe ich nicht gesagt. Ich habe überhaupt nichts über den „Wahrheitsgehalt" alttestamentlicher Texte gesagt. Sage und Legende können vollkommen „wahr" sein, auch wenn sie in einem faktischen Sinn nicht korrekt sind, also nicht beweisbar, messbar und zählbar. Das hat aber mit Wahrheit auch gar nichts zu tun, nicht wahr?

Einer der großen, folgenschweren Irrtümer des technisierten Zeitalters besteht darin, dass Wahrheit für messbar gehalten wird. Da wird aber leider Wahrheit mit Richtigkeit verwechselt. Messbarkeit, Zählbarkeit, Beweisbarkeit sind rein quantitativ. Es geht um Sachverhaltsfragen: wie viel, wie groß, wie schwer, wann, in welcher Reihenfolge? Die Antworten auf solche Fragen sind: richtig oder falsch (im Sinne von inkorrekt). Aber die Frage „richtig oder falsch?" hat doch überhaupt keinen Sinn, wo es gar nicht um prüfbare Sachverhalte geht, sondern um Herzensfragen. Um Leben, Grund, Identität und das Heilige. Hier stellt sich nicht die Frage nach Richtigkeit, sondern nach Wahrheit. Wahr ist nämlich alles, was existenziell betrifft und bewegt, was berührt und heilt, was lebendig ist, lebendig macht, Leben fördert. Ein Buch, das Sie im Herzen bewegt, ein Gespräch, das Sie berührt, eine Reise, die Ihnen die Augen öffnet, eine Arbeit, die Sie mit anderen verbindet und die das Leben bereichert, so etwas sind wahre Erfahrungen.

Unwahr (oder falsch im Sinne von verlogen, nicht im Sinne von inkorrekt) ist alles, was das Leben mindert. Theaterstücke, Märchen, Filme, Bibeltexte, all das kann vollkommen wahr sein, und dabei spielt es überhaupt keine Rolle, was historisch korrekt ist und was fiktional. Ausschlaggebend ist nur: befördert oder behindert es das Leben?

Im Alten Testament als einem Hybridbuch lässt sich die Entstehung des Monotheismus nicht historisch ablesen, es lassen sich aber Bausteine davon erkennen oder rekonstruieren. Grob und knapp gesagt schildert das Alte Testament den Aufstieg des Gottes Jahwe, der zunächst ein Sippengott ist, zum alleinigen Gott der ganzen Welt. Und das in einer Umwelt, die voller Gottheiten ist, Erd-, Wetter-, Mutter-, Gestirnsgottheiten. Diese „Götter der Heiden" sind aber im Vergleich mit Jahwe „nichtig", leere Götzen, machtlose Tempelskulpturen. Und den sichtbaren Nachweis dafür liefert die wachsende politische Macht Israels im Vorderen Orient am Beginn des ersten vorchristlichen Jahrtausends. Oder genauer, noch sicht- und greifbarer: das machtvolle israelitische Königtum mit seiner durch David begründeten Dynastie. Darin verkörpert sich die Macht des Gottes Jahwe.

Das Alte Testament selbst stellt an den Beginn dieses Aufstiegs zur vorderorientalischen Großmacht, denn das war Israel zu der Zeit, eine Landnahme: die Eroberung des verheißenen Landes Kanaan durch Israel. Die Israeliten, Sie erinnern sich, kommen ja von außen, aus der ägyptischen Knechtschaft, der Sie unter Gottes Führung mit knapper Not entkommen sind, unter anderem mitten durchs Schilfmeer. Was an all dem historisch ist, spielt keine Rolle und hat auch mit der Wahrheitsfrage überhaupt nichts zu tun. Fest steht, dass die militärische Erfolgsgeschichte den Anspruch des jüdischen Gottes und damit der Königsdynastie untermauert. Jahwe ist der unüberwindliche Heerführer und Beschützer seines Volkes, und der König ist „sein Sohn". So sagt es das Alte Testament, zum Beispiel im zweiten Samuelbuch (Kapitel 7, Vers 14) über David. Und eben nicht in Bezug auf Jesus, daher kennen Sie das vielleicht, sondern auf den israelitischen König.

Sie merken vielleicht, der biblische Monotheismus gerät da in trübes Fahrwasser. Zum einen hat er einen deutlichen machtpolitischen Hintergrund, das heißt, es geht um Legitimation von Herrschaft. Zum zweiten ist er weniger organisch gewachsen als vielmehr geformt, und zwar geformt durch eine politisch motivierte Theologie. Natürlich, auch das

ist noch keine Bestreitung irgendeines Wahrheits-
gehalts. Es ist aber eine Problemanzeige. Die Sache
ist heikel.

Jetzt könnten Sie sagen und hätten damit nicht
unrecht: warum heikel? Die Erfahrung des Heiligen
wird immer auf die eine oder andere Weise geformt.
Sobald darüber gesprochen wird bereits. Und erst
recht, wenn die Erfahrung in organisierte Verehrung, in Kult, Religion und Theologie übergeführt
wird. In so einem Verhältnis von Überformung stehen das Esoterische und das Exoterische ja immer.
Es sind immer Menschen, die von der heiligen Erfahrung sprechen, Menschen mit eigenen Biografien,
aus unterschiedlichen Zeiten und Kulturen, und all
das prägt den Vorgang der Überformung.

Sie haben ja recht. Aber man muss trotzdem
genau hinschauen. Sicher, jede Überformung färbt
die Erfahrung des Heiligen in spezifischer Weise
ein. Wären Sie ein Schafhirt, würden Sie anders
davon sprechen, als wenn Sie eine Orakelprieste-
rin wären, und es wäre auch ein Unterschied, ob
Sie das Heilige auf freiem Feld im Gewittersturm
oder bei sich zu Hause im Zimmer bei Kerzen-
schein erfahren. Was Sie von dieser Erfahrung
sagen würden, würde der Erfahrung vielleicht
nicht genügen, aber sie würden sie nicht unbedingt
gleich verfälschen.

Das passiert aber todsicher und ganz schnell, wenn sich politische, ideologische oder überhaupt Interessen einschleichen. Die Motive dafür müssen nicht mal boshaft sein, es reicht, dass Sie auf vorgeprägte Deutungen aus Ihrem Umfeld zurückgreifen, die Sie mehr oder weniger bewusst in die Erfahrung des Heiligen hineintragen. Sie sind beispielsweise ein Astrologe am Hofe des Königs, und jedesmal, wenn Sie ihm unter die Augen kommen, schaut er Sie mit zusammengekniffenen Augen an, weil er schöne Dinge von Ihnen hören will. Und zu denen müssen Sie sich nicht einmal zwingen, denn Sie wurden Ihrerseits ja so ausgebildet, dass Sie von der Gottesgnadenschaft Ihres Regenten völlig überzeugt sind. Und so werden Sie, selbst wenn Sie die authentischste Erfahrung des Heiligen machen würden, die sich überhaupt vorstellen lässt, ganz automatisch darin Hinweise und Bestätigungen erblicken, dass Jahwe, denn um wen sollte es sich sonst handeln, seine schützende Hand über Israel und seinen König hält.

So entstehen inhaltliche Verschiebungen, theologische Fehlaussagen, die mit der Erfahrung des Heiligen nur noch am Rande zu tun haben. Das Schlimme daran ist aber nicht der Irrtum an sich, sondern seine Folgen. Erstens wird das Heilige missverstanden, und deshalb verschwinden die

Wege, die in die Erfahrung des Heiligen führen, im Dickicht des Urwaldes. Zur Wegweisung in diese Erfahrung sind institutionalisierte Religionen aber eigentlich da, nicht zur Beweihräucherung. Zweitens werden nun im Namen des Heiligen Konflikte ausgetragen, mit ganz realen Toten. Das ist doch gruselig.

Solch eine ziemlich folgenschwere inhaltliche Verschiebung ist der als Individuum gedachte eine Gott.

Sie schreien wieder auf? Verstehen Sie mich recht: der Verehrung des biblischen Gottes liegen mit Sicherheit reale, vollkommen authentische Erfahrungen des Heiligen zugrunde. Das steht völlig außer Frage und muss nicht diskutiert werden. Die Bibel ist keine Fabelsammlung.

Nur, was wurde aus diesen Erfahrungen gemacht? Theologisch und ideologisch? Hier liegt's Problem.

Dass ein personales Gottesverständnis Quelle von Missverständnissen sein kann, wurde weiter oben schon gesagt. Wenn Sie Gottheiten als Personen behandeln, dürfen Sie halt nie vergessen, dass es sich dabei um mythische Verkörperungen handelt. Sie dürfen es nicht allzu wörtlich nehmen und meinen, eins zu eins genau so wäre das Heilige. Solange Ihnen das klar ist, kann nicht viel passieren.

Erinnern Sie sich noch daran, wie Sie Hindu waren? Da haben Sie die Gottheiten des Pantheons begriffen als verschiedene Aspekte, Gestalten, Gesichter des einen Heiligen. Diese verschiedenen Aspekte, und das ist nun der Witz bei der Sache, balancieren sich gegenseitig wunderbar aus und ergänzen einander. Das Heilige ist nicht nur so wie Kali oder nur so wie Vishnu oder Shiva, es ist weder nur zerstörerisch noch liebend noch mütterlich noch strafend, sondern es umfasst alle Aspekte, es schillert und funkelt und ist in Wahrheit mehr und noch einmal ganz anders als die Summe von allem.

Problematisch wird es dann, wenn es kein Pantheon gibt, sondern nur einen einzigen Gott. In so einem Fall hat ein personales Gottesbild nicht nur wenig Sinn, es kann sogar fatal sein.

Stellen Sie sich das mal vor: Sie müssen nun sämtliche Aspekte des Heiligen in einem einzigen, als Individuum gedachten Gott zusammenpressen. Wie soll das eigentlich gehen? Das sprengt ja jeden Begriff von Individuum. So ein Individuum ist gar keines. Es ist entweder ein Konstrukt oder es ist irgendwie, Entschuldigung, pathologisch. Solch ein Konglomerat von widerstreitenden Antrieben und Emotionen, das gibt es doch gar nicht, höchstens bei ziemlich problematischen Menschen. Genau so tritt Ihnen leider der biblische Gott entgegen, als liebend, gnädig, rachsüchtig und eifersüchtig. So wird er wörtlich genannt, zum Teil nennt er sich sogar selbst so, und das ist nur eine Auswahl. Und sollten Sie sich irgendwann entschlossen haben, das alles zu ignorieren und sich auf den Gott Jesu zu kaprizieren, der allem Anschein nach ein liebender Gott ist, dann wären Sie damit nicht allein. Aber der biblische Gott ist halt leider auch das andere.

Interessant zu beobachten, dass schon die Theologie des Alten Testamentes selber mit diesem Gottesbild die größten Schwierigkeiten hat. Sie kommt immer wieder in Erklärungsnöte. Es läuft auf dieses Dilemma hinaus: das Gute und das Böse – wie kann beides von demselben Gott kommen? Was sagen Sie zum Beispiel dazu: da erklärt im Buch Jesaja (Kapitel 45, Vers 7) Gott selber, er bewirke das Gute und erschaffe das Unheil. Wie kann das sein? Und darauf gibt es leider nur eine Antwort: Gott ist unbegreiflich. Aber, Hand aufs Herz, ist das eine Antwort? Kommt Ihnen das nicht vielleicht eher wie eine Ausflucht vor?

Natürlich ist auch etwas Richtiges daran. Das Heilige, das Göttliche, die kosmische Ordnung ist ja tatsächlich nicht mit menschlichen Begriffen zu fassen, sondern nur erfahrbar. So weit stimmt das. Sie können aber nicht erst über Gott jede Menge Aussagen treffen, und wenn's brenzlig wird, weil einer kommt und irgendwas nicht begreift, sagen Sie: kann man ja auch nicht begreifen. So geht's doch nicht.

Überlegen Sie mal: Sie erzählen im Freundeskreis von Ihren Urlaubserlebnissen in Burma. Sie schildern die Berge, die Landschaft, das Klima, die Menschen, und Sie machen das wirklich gut und plastisch. Sie reden sich in Begeisterung, Sie strahlen, und alle hängen an Ihren Lippen. Nur jedesmal, wenn einer nachfragt, wie hoch zum Beispiel die Berge waren oder wie viele Menschen in Burma eigentlich leben, antworten Sie: „Das übersteigt dein Begreifen." Da stimmt doch was nicht, würden Sie nicht auch sagen? Meinen Sie nicht, Ihre Freunde würden das Gefühl bekommen, Sie flunkern Ihnen die ganze Zeit was vor?

Das, glaube ich, ist der eigentliche Sprengstoff im abendländischen Monotheismus. Deswegen ist er so in der Krise, und das leider völlig zu Recht. Unbegreifbar ist Gott in Wahrheit nur, wenn man ihn für ein Individuum hält. *Wesen als Person*

Die Unbegreifbarkeit Gottes verhindert die ernsthafte Suche nach dem Heiligen. Und sie fördert eine Haltung des Duldens, der Hinnahme von Ungerechtigkeit jeder Art. Das hat bis weit in die kirchliche Tradition hineingewirkt.

Auch die kirchliche Theologie hat immer ihre Schwierigkeiten mit dem inneren Widerspruch der göttlichen Personalität gehabt und bisweilen merkwürdige Lösungen gefunden. Was halten Sie zum Beispiel davon: credo quia absurdum. „Ich glaube es, weil es absurd ist." Das sagt der mittelalterliche Theologe Anselm von Canterbury. Die Betonung liegt witzigerweise auf dem „weil". Stimmt ja auch irgendwie, was absurd ist, kann man ja nur glauben, nicht beweisen.

Die große sogenannte Theodizee-Frage, also die Frage nach der Gerechtigkeit Gottes: woher kommt das Leid, wenn Gott doch gut ist? – diese Frage ist schon zusammen mit dem personalen Monotheismus entstanden, sie ist werkseitig darin verbaut. Und es gibt keine sinnvolle Antwort darauf, nur Parolen: so ist die Welt, man muss trotzdem glauben, am Ende werden wir schon sehen und so weiter. Aber man kann die Theodizee-Frage nur dann so stellen, wenn man Gott für ein Individuum hält. Sonst könnte man gar nicht so fragen, nicht wahr? *wenn* man ihn aber für ein Individuum hält, dann kommt die Frage ganz automatisch.

Die strahlende, wache Anwesenheit des Heiligen ist real und leibhaft erfahrbar. Sie ist überpersönlich, sie erfüllt den gesamten Kosmos, im Großen und im Winzigen, und es ist Unsinn, hier eine

Person, ein Individuum, ein Subjekt finden zu wollen. Es ist leider sogar so: das personale Gottesbild verschattet und verstellt das Heilige, wie Wolken, wenn sie sich vor die Sonne schieben. Sie können sie dann nicht mehr sehen.

Aber die gute Nachricht ist: das Problem würde sich auf einen Schlag lösen, wenn Sie die Wolken wegließen, und die Wolken wären in diesem Fall die Personalität Gottes. Dann wäre der Blick frei auf das wirklich Göttliche. Wär das nicht schön?

Kein-Gott-Glaube

Was gibt's für Alternativen? Es gibt zum Beispiel auch den Kein-Gott-Glauben.

Zum Beispiel den Buddhismus, der ironischerweise aus dem Hinduismus mit seinen vielen Gottheiten hervorgegangen ist. Der Buddhismus kennt keinen Gott. Die verschiedenen Götter des Hinduismus begegnen im Buddhismus bestenfalls als Spielereien. Im Buddhismus geht es um den persönlichen unmittelbaren Bezug jedes Einzelnen zum Heiligen, alles andere ist Nebensache. Es geht um die ununterbrochene Erfahrung des Heiligen mitten in der Welt des alltäglichen Lebens. Und diese Erfahrung wird ermöglicht durch Bewusstheit.

Weil es dem Prinzip nach sonst um gar nichts geht, tritt im Buddhismus das Dogmatische, Inhaltliche und Glaubensmäßige in den Hintergrund, ebenso das Rituelle. Auch wenn der Buddhismus sehr wohl Inhalte und Riten kennt. Sie denken jetzt vielleicht: so Vereinfachungen sind aber ganz schön heikel, der Buddhismus ist dies und das, und jenes ist er nicht …

Aber jedenfalls stimmt es, dass im Buddhismus die zentrale Fragestellung anders als beispielsweise im Christentum lautet. Im Christentum dreht sich alles um die Frage, die von Luther so zugespitzt formuliert wurde, die aber grundsätzlich gilt: wie bekomme ich einen gerechten Gott? Vor dem Hintergrund: ich bin ein unwürdiger Mensch und Sünder.

Im Buddhismus geht es aber um so etwas: wie kann ich das Heilige unmittelbar erfahren?

Das ist ziemlich genau die eigentlich mystische Fragestellung, die durch alle Religionen dieselbe ist und die auch im Christentum ihre eigene Tradition hat. Entsprechend praktisch, fast technisch gibt sich der Buddhismus. Meditations- und sonstige Übungen sind das zentrale Thema, Selbstbeobachtung, Selbsterkenntnis, Erkenntnis der unverstellten Wirklichkeit.

Übrigens, was ist eigentlich Meditation? Schweigend neben einem Räucherstäbchen auf einem runden Kissen verharren, bis die Klangschale ertönt und Sie mit dem Gefühl, etwas für sich getan zu haben, Ihre Beine wieder ausstrecken? Auch. Aber nicht nur. Das Kissen, die Klangschale, die Körperhaltung können Ihnen bei der Meditation helfen. Aber die Meditation selber sind sie nicht. Meditation ist eine Haltung des Bewusstseins. Darauf weist die Bedeutung des lateinischen „meditatio" hin: „sinnen". Damit ist kein Abwägen und Überlegen gemeint, sondern eine Haltung der Versonnenheit. Versonnenheit ist aber nicht schläfrig, sondern wach und heiter. Keine Gedanken, keine inwendigen Turbulenzen, kein Gefühl „ich müsste aber, könnte, sollte ...". Sie sitzen oder stehen oder was auch immer Sie tun, Sie schauen allem aufmerksam zu – und sonst nichts. Kann überall praktiziert werden. Die wahre Meditation findet nicht auf dem Kissen statt, das ist nur das Trainingsgerät. Sondern mitten in der Arbeit, mitten im Gespräch, mitten im Trubel des Alltags. Versuchen Sie mal zu meditieren, wenn Sie in der langsamsten Kassenschlange stehen und Ihr Hund jaulend im Auto in der prallen Sonne sitzt. Solche Meditation offenbart Ihnen eine ganze Menge über die Wirklichkeit, vor allem über Ihre eigene Wirklichkeit.

Und die Erfahrung der Wirklichkeit, so die Lehre des Buddhismus, macht frei.

Aber frei wovon eigentlich? Im christlichen Kontext, wo es um Erlösung geht, könnte man eine ganz ähnliche Frage stellen, nämlich: wovon genau erlöst eigentlich die Erlösung?

Ja, wozu braucht es eigentlich Befreiung oder Erlösung? Hatten Sie auch schon vor 30 000 Jahren das Gefühl, Sie müssten von irgendetwas befreit oder erlöst werden? Wenn das Heilige doch ganz einfach, ganz unmittelbar in Ihrer Umwelt spürbar ist?

Seltsam, nicht? Irgendwann, und zwar offenbar schon sehr früh, muss in Ihrem Bewusstsein etwas aufgetaucht sein, das Erlösung oder Befreiung, Rettung und Heilung nötig zu machen schien.

Sünde und Karma

Ich rufe Ihnen noch einmal das Heilige und das Profane ins Gedächtnis. Das Heilige als das Heile, Runde, in sich Ruhende, und darin unterscheidet es sich vom Alltag. Es ist herausgehoben, besonders, ein eigener Bezirk neben dem Profanen, das bekanntlich „vor dem Heiligtum" liegt.

Das Heilige ist von der Alltagserfahrung abgesondert, es ist ihr fremd und dem Alltagsbewusstsein nicht zugänglich. So weit in Ordnung. Aber das Fremde ist auch immer zugleich das Bedrohliche. Und es hat nun den Anschein, dass gerade dieser Aspekt schon ziemlich früh in der Entwicklungsgeschichte der Religion eine wichtige Rolle gespielt hat. Das Heilige, das Göttliche, das Andere als etwas Unberechenbares, Fremdartiges, Abgründiges. Als ein Tabu.

Das aus dem Polynesischen entlehnte Wort „tabu" meint: unantastbar, unter einem Verbot stehend, geschützt, geheiligt. Was unter Tabu steht, besitzt geheime Kräfte, und wer das Tabu bricht, kontaminiert sich, entfesselt unbekannte Mächte, zu seinem eigenen Schaden und womöglich sogar zum Schaden seiner ganzen Umgebung. Deswegen wird die Übertretung von Tabus in ursprünglichen Gesellschaften zum Teil drastisch geahndet, mit Exil oder sogar Tod.

Diese Vorstellung vom Heiligen als etwas Unberührbarem ist weit verbreitet und offensichtlich sehr alt. Auch die jüdisch-christliche Religion steht in dieser Tradition, und das schlägt sich in vielen Details nieder. Denken Sie zum Beispiel nur einmal an die geweihte Hostie im katholischen Gottesdienst, die bis vor gar nicht allzu langer Zeit bei der Kommunion nicht mit der Hand in Empfang genommen werden durfte.

Dass es eine Schwelle zwischen dem Profanen und dem Heiligen gibt, wird hier nicht geleugnet. Es gibt die Schwelle – aber sie darf in der Regel nicht übertreten werden. Das steht unter teils strengen rituellen Vorschriften, und es bleibt besonderen Personen vorbehalten, Priestern, Propheten, Schamaninnen, Medizinleuten.

Dieses Tabu gilt für beides: sowohl für konkrete Gegenstände und Orte, die mit dem Heiligen in Verbindung stehen, also für Kultgegenstände, den Tempel, das Allerheiligste. Als auch für die mystische Erfahrung des Heiligen.

Diese Erfahrung ist nach allem, was die exoterische Religion darüber sagt, fast immer schwierig bis unmöglich zu erlangen. Sie setzt enorme Selbstbeherrschung und Selbstüberwindung voraus, körperliche Übungen, Enthaltsamkeit, Askese. Mit derlei respekteinflößenden Zulassungsbeschränkungen wird die Erfahrung des Heiligen umstellt, und es sieht ganz so aus, als würde die Schwelle zwischen heilig und profan hier künstlich zum kaum überwindbaren Bollwerk ausgebaut. Ziemlich befremdlich, wenn man's mal genau betrachtet.

Erinnern Sie sich an einen heiligen Augenblick in seiner ganzen Schlichtheit, Schönheit und Stille. Seit 30 000 Jahren machen Sie fast ununterbrochen solche Erfahrungen. Halten Sie das für übertrieben? Überlegen Sie mal: wäre die Erfahrung des Heiligen tatsächlich so unerreichbar und selten, wie viele exoterische Religionen tun, dann wären nie und nimmer überall auf dem Globus tausendundeine verschiedene Formen von Religion entstanden.

Wenn man so mit dem Heiligen umgeht und es dermaßen vom Profanen abschirmt, dann verschwindet es früher oder später aus Ihrem Bewusstsein. Es wird zu einer exklusiven Veranstaltung für Ausgewählte, Eingeweihte, Geweihte, so heißen die dann. Sie folgen bestimmten, oft geheimnisvollen oder sogar buchstäblich geheimen Riten in rätselhaften Sprachen, wie zum Beispiel Latein. Und diese Eingeweihten werden unentbehrlich, weil ja sonst keiner Zugang hat zum Heiligen, das dem gewöhnlichen Menschen versperrt bleibt. Mehr noch, es wird tabuisiert, mit Verbot belegt und unter die Androhung von Strafe gestellt.

So sonderbar das im Grund alles ist, es ist durch die verschiedensten Kulturen und Zeitalter so dermaßen verbreitet, dass man den Eindruck gewinnt, es ist unausweichlich. Je autonomer der Mensch in seiner Bewusstseinsentwicklung wird, je mehr er also Kontrolle erlangt über seinen Alltag, über das Profane, über seine Lebensverhältnisse und -grundlagen, über Nahrung, Obdach, Gesellschaft, desto fremder wird das Heilige, desto größer die Furcht, desto stärker das Tabu. Genau so sieht es jedenfalls aus. Und wenn das Heilige fremd wird und das Tabu mächtig, dann wächst sowohl die Rolle des Rituellen wie auch das Gewicht des Dogmatischen. Beide sollen die Furcht bannen. Das ist die Geburtsstunde des Exoterischen in den organisierten Religionen. Und die liegt schon sehr weit zurück.

Im Exoterischen bekommt nun die Trennung von heilig und profan ihr eigentliches Profil. Sie wird ganz praktisch im Kult fixiert, in Regularien, Abläufen, Sakramenten, Zugangsbeschränkungen. Und in Lehre, Dogma und Unterweisung wird sie theoretisch, also theologisch, festgezurrt.

Mit diesem Anfang sind religionsförmige Strukturen in die Welt gesetzt, die sich offenkundig wie von selbst immer komplexer entfalten. Wie eine Buchenhecke, an der Sie auf dem Weg zum Einkaufen immer vorbeikommen und die keiner beschneidet. Warum lässt man das so ins Kraut schießen, fragen Sie sich, und am Ende haben Sie die tollsten Triebe, die nach allen Seiten davonstreben, aber Sie können nicht mehr ins Innere sehen. Ihr Blick streicht nur noch äußerlich entlang, Sie denken vielleicht, wie ungepflegt oder auch wie originell das alles aussieht. Aber dass im Herzen der Hecke Vögel nisten, daran denken Sie nicht mehr.

Sind Sie zufällig christlich-kirchlich sozialisiert? Kennen Sie den stets gleichen Ablauf von Gottesdiensten, das wortgenaue Wiederholen von Gebeten, das Singen der passenden Lieder zum richtigen Anlass, das Beobachten von moralischen Vorschriften? Dann wissen Sie, dass all das Ihre Aufmerksamkeit so vollständig in Anspruch nehmen kann, dass Sie darüber das Wesentliche vergessen. Sie fangen sogar an, das Äußerliche für das

Wesentliche zu halten. Zumal das Wesentliche, also das Heilige, ja tabu ist und nur besonders begnadeten Menschen zugänglich ist. Zu denen rechnen Sie sich aber aus Bescheidenheit natürlich nicht. Komisch eigentlich, warum nicht? Ist nach der christlichen Lehre nicht jeder Mensch besonders begnadet, als Kind Gottes? Nur traut sich aufgrund einer seltsamen Befangenheit niemand, das so richtig ernst zu nehmen.

Sondern stattdessen gilt im selben Maß, wie das Heilige tabuisiert wird, das Profane als verkommen. Das Heilige ist rein, gesund, intakt, gut, weiß, das Profane unrein, krank, zersplittert, böse, schwarz. Das eine ist die Welt des Geistes, das andere die des Fleisches, und was derlei Gegensatzpaare mehr sind. Natürlich ist der schwarze, unreine Bereich dem Menschen zugeordnet. Seine Welt wird mit dem Profanen identisch gesetzt. Ja, so eindeutig sind leider die Zuordnungen. Das Profane, also Menschliche, würde das Heilige kontaminieren, und deshalb muss es strikt draußen gehalten werden. Und deshalb ist die Grenze zwischen Gott und Mensch unverrückbar und trennscharf.

Das ist der Kristallisationskern für das, was im christlichen Kontext Sünde heißt. Auch das Problem des hinduistischen Karma hat hier seine Wurzeln.

Aber behalten Sie im Gespür: Karma oder Sünde sind keine theoretischen Konzepte, man kommt ihnen deshalb argumentativ kaum bei. Ihnen liegt eine reale Empfindung, eine Erfahrung zugrunde. Nämlich keine andere als die Erfahrung des Heiligen, die Ihr Alltagsgefüge erschüttern kann. Und das kann in Ihnen sehr reale Gefühle auslösen, sehr reale psychologische Reaktionen. Vielleicht das Gefühl, dem Heiligen nicht standhalten, entsprechen oder genügen zu können. Die Empfindung, minder, niedrig und schwach zu sein. Die Sehnsucht nach Reinheit, Klarheit, Kraft. Der Wunsch, die Enge eigener Unzulänglichkeiten zu überwinden ... All das können ganz reale Folgen der Erfahrung sein, es sind keine Konzepte. Sündigkeit und Schuld äußern sich in leiblichen Gefühlen, selbst wenn sie auf Missverständnissen beruhen. Aber wer kennt das nicht? Schämen Sie sich nicht vielleicht gelegentlich in Situationen, die in Wahrheit überhaupt nicht peinlich sind?

Nochmals genau: zwischen der Erfahrung des Heiligen und dem Gefühl eigener Sündigkeit besteht kein *direkter* Zusammenhang. Es gibt noch einen Zwischenschritt, eine Art Übersetzungsvorgang. Der Eindruck, den das Heilige in Ihnen hinterlässt, wird mit Ihren Alltagserfahrungen verglichen. Also zum Beispiel der heilige Eindruck des

Unverfälschten mit Ihrer eigenen Neigung zur Unwahrheit. Das nur als Beispiel, nehmen Sie's nicht persönlich. Diese beiden werden miteinander verglichen. Wer macht denn so was? Ihr Denken, das ist sein Beruf. Daraus resultiert ein unangenehmes, bohrendes Gefühl, das Sie selbst im Handumdrehen als das Gefühl von Sündigkeit identifizieren, falls Sie entsprechend sozialisiert sind. Sie können sich aber natürlich auch in jedem anderen Sinn als mangelhaft empfinden. An dieser Abwertung ist nicht das Heilige schuld, sondern die missratene Übersetzung des Heiligen in Ihre Empfindungswelt, wo der Übersetzer meint, er müsse gleich seine eigene Interpretation noch mit einflechten, damit die Sache klarer wird. Klarer in seinem Sinn wird sie dadurch natürlich.

Das Wort „Sünde" ist vermutlich verwandt mit „absondern". Das würde jedenfalls passen. Alles, was vom Heiligen abgesondert ist und nicht wenigstens eine Tendenz zum Heiligen erkennen lässt, ist Sünde. Alles, was nur irdisch ist, was sich ausschließlich darauf beschränkt.

Und Sie? Sind ein unglückliches Zwischenwesen. Sie sind eingesperrt im Irdischen, in Ihrem Körper mit all seinen urwüchsigen, trieb- und tierhaften Instinkten, Reflexen und Verrichtungen. Und zugleich streben Sie nach dem Heiligen, das

Sie jedoch der Lehre zufolge niemals erreichen können.

Spezifischer christlich: Sünde ist die Abkehr von Gott und die ausschließliche Hinwendung ans Irdische oder, mit einer heute etwas ungebräuchlich gewordenen Formulierung, ans „Fleischliche". Das Fleisch wird Ihnen hier später noch begegnen.

Und was hat es mit „Karma" auf sich? Karma ist als Konzept im östlich-religiösen Kontext ähnlich mit Philosophie und Theologie aufgeladen wie das christliche Konzept „Sünde". Aber auch „Karma" ist im Grunde ganz einfach, ganz nah an der Erfahrung und deren Übersetzung.

Karma heißt wörtlich: „Tat, Handlung, Bewirkung". Mehr nicht. Die simple Grundidee: alles, was getan wird, steht in einer Kette, einer endlosen Reihe von Taten, deren eine die jeweils andere bewirkt, hervorbringt. Das erinnert Sie vielleicht an das Gesetz der Kausalität. Stimmt, mit dem Unterschied, dass „Kausalität" klassischerweise im Bereich der Logik angesiedelt ist, des abstrakten Denkens, der Herleitung und Vorausplanung. Karma dagegen gehört in den Alltag und in die Alltagsethik mit ihren Fragen nach dem richtigen Verhalten in konkreten Situationen. Daher hat Karma eher zu tun mit Aktion – Reaktion und mit der christlichen goldenen Regel: „Behandle andere so, wie du selbst behandelt werden willst." Denn eine Tat gebiert die entsprechende folgende.

Karma ist, anders als Sünde, nicht ausschließlich das Schlechte, Unreine, Verderbte. Es gibt auch gutes Karma. Gute Taten erzeugen auch gute Wirkungen. Aber es ist halt doch so, dass „Karma" an sich schon immer Verstrickung bedeutet. Sie sind immer hineinverwickelt in Abläufe, in Ereignisse und Ereignisketten, auf deren Ursachen und Folgen Sie nur sehr begrenzten Einfluss haben. Sie müssen gar kein „sündiges" Verhalten an den Tag legen, das Schlimme ist ja schon, dass Sie verstrickt sind. Sie stehen, ob Ihnen das gefällt oder nicht, unter dem Zwang, immer wieder Dinge zu tun, die Sie nicht wollen, und Folgen zu ertragen, die Sie nicht absehen können. Karma bedeutet: Sie sind in die endlose Kette von Tun und Erleiden unlösbar hineinverknüpft, als Täter und Opfer zugleich.

Das ist alles andere als schön oder gut, oder wie sehen Sie das? Die Erfahrung des Heiligen sieht anders aus, eher wie das genaue Gegenteil. In diesem Punkt berühren sich „Karma" und „Sünde". Beide stehen der Erfahrung des Heiligen entgegen. Deshalb müssen Sie von ihnen frei werden.

Erlösung, Befreiung, Erleuchtung

Erlösung" ist Ihnen ja aus dem christlichen Kontext vertraut. Sie spielt hier eine ganz zentrale Rolle, man kann sogar sagen: sie ist der kritische Punkt, an dem sich nach allem, was die Kirchen sagen, Sinn und Nutzen der christlichen Religion entscheiden. Denn gibt es keine Erlösung, führt alles zu nichts, bleiben Kult, Gebet, sogar ethisches Verhalten letztlich sinnlos.

Für Jesus selbst hat das so nicht unbedingt gegolten. Schauen Sie mal ins Neue Testament. Haben Sie da nicht eher den Eindruck, dass für Jesus ethisches Verhalten in sich bereits ausreichend sinnvoll ist? Ethisches Verhalten aus schierer Menschlichkeit, nicht aus Vorsatz oder nach Vorschrift und ohne irgendwelche, letztlich doch meist egoistischen Ziele. Denken Sie zum Beispiel an das Gleichnis vom barmherzigen Samariter.

In kirchlicher Prägung freilich ist als Ziel und Zweck des religiösen Lebens die Erlösung ins Blickfeld gerückt, der Himmel, ewiges Leben und Lohn im Jenseits. So ist das seit Jahrhunderten im christlichen Bewusstsein verankert. Ja, es gibt Unterschiede zwischen kirchlich-christlich und jesuanisch-christlich.

Wie verfahren die Kirchen mit Jesus? Sie verehren ihn als Erlöser, Retter, Heiland.

Das Wort „Heiland" ist das alte Partizip Präsens von dem Wort „heilen", heißt also: „heilend". Eine sehr konkrete Bezeichnung Jesu als „Heiler" also. Sie rührt zum einen von seinem Auftreten als Wunderheiler. Es geht dabei aber auch um Heilung in einem tieferen, grundlegenderen, umfassenderen Sinn. Um Heilung des ganzen Lebens. „Heil", siehe oben, hat ja zu tun mit Ganzheit, meint so viel wie intakt, integer.

Auch der Titel „Erlöser" hat ursprünglich einen ganz konkreten und praktischen Hintergrund. Ein Erlöser ist ein Mensch, der einen Schuldner aus der Schuldhaft freikauft, ihn auslöst. Wovon erlöst nun Jesus? Analog gedacht: von der Sünde und ihren Folgen, die als Schuld und Gefängnis empfunden werden.

Sündig ist aber, Sie erinnern sich, bereits das Profane. Die Lehre von der sogenannten Erbsünde bestätigt das. Sie betrachtet die Sünde als etwas, das dem Menschen ererbt ist, sie steckt ihm genetisch in den Knochen, schon von seiner schieren Abstammung her, die eben irdisch ist, materiell, fleischlich. Profan also. Die Erlösung bedeutet folglich, dass dieser genetische, zwangsläufige Zusammenhang von Mensch und Sünde unterbrochen wird. Das wäre dann so eine Art Freikauf aus der Schuldhaft.

So weit die Theorie. Also die Theologie. Aber was bedeutet es praktisch und handgreiflich? Erlösung als Befreiung von Schuld ist ja zunächst vor allem ein schönes gedankliches Konstrukt. Und als christlich sozialisierter Mensch könnten Sie sagen: „Schön, dass ich erlöst bin, nur leider merke ich nichts davon."

Worin äußert sich die Erlösung, wie wird sie real, im „Fleisch" erfahrbar?

Mit dieser Frage werden die Kirchen immer wieder konfrontiert, seit Hunderten von Jahren, und hier liegt wirklich ein äußerst neuralgischer Punkt. Das, wovon sie sprechen, was sie als Evangelium verkünden, ist irgendwie nicht erfahrbar. Zumindest weiß keiner so recht, wie. Das ist ein Problem. Denn dass hier bei allem guten Vorsatz und allem Engagement etwas nicht übereinstimmt, das überträgt sich auf den Betrachter. Wenn es ihm nicht in die Augen springt, so entsteht immerhin ein unterschwelliges Missbehagen. Die Welt ist erlöst, aber sie sieht partout nicht so aus. Wie kann das eigentlich sein, wenn man nicht annehmen will, dass Jesus versagt hat?

Immer wieder hat genau dieses Problem zu Verwerfungen geführt. Sind wir erlöst, ja, nein? Und wenn ja, warum eigentlich nicht? Oder werden wir erst erlöst, irgendwann? Immer wieder sind innerhalb der Kirchen Gruppierungen entstanden, und zwar in aller Regel von Laien, die nach leibhaftiger Erfahrung des Heiligen strebten. Sogenannte charismatische Bewegungen, bei denen man freilich bezweifeln kann, dass das, was da am Ende erfahren wird, das Heilige ist, dafür ist die Atmosphäre zu rigid und die Moral sowieso. Trotzdem ist das Phänomen nicht zu leugnen, dass Menschen leibhafte Erfahrung wollen. Extremes Beispiel: das Flagellantentum, also die Geißlerbewegung im 13. und 14. Jahrhundert, ebenfalls eine Laienbewegung. Durch öffentlich praktizierte Selbstgeißelung soll der mindere Körper geläutert werden für das Heilige.

Und immer wieder hatte und hat die offizielle Kirche mit diesen Bewegungen ihre Probleme. Gerade auch mit Mystikern, sogar mit solchen, die heute Rang und Namen haben. Denken Sie mal an Meister Eckhart, der damals nur mit knapper Not dem Scheiterhaufen entging, und heute ist er der kirchliche Quotenmystiker.

Wenn Ihnen heutzutage in der Kirche die Erfahrung des Heiligen fehlt und Sie auch nicht erkennen können, woher sie kommen sollte, weil niemand weit und breit sich damit auskennt, dann treten Sie heute einfach aus und suchen woanders. Im Zen- oder Yogaumfeld zum Beispiel. So einfach war das früher nicht.

Und immer wieder sahen sich kirchliche Lehrinstitutionen genötigt, halbwegs logische oder wenigstens theologische Auswege aus dem Problem zu finden. Etwa indem sie die Erlösung einschränken und unter Vorbehalte stellen, nach dem Schema: die Erlösung hat durch Jesus bereits stattgefunden, aber erst am Ende (der Zeiten oder des Lebens) wird sie richtig eintreten, allerdings muss man dafür willens und vorbereitet sein.

Wie wollen Sie diese Ungereimtheit halbwegs plausibel auflösen? Indem Sie das Ganze in Gott verlagern und es mit seiner Unbegreiflichkeit erklären. Also nicht mit Ihrer Ungereimtheit, sondern mit seiner.

Das kann eine ganze Weile gut gehen, ist aber nicht ungefährlich. Weil es die Theologie, überhaupt die Kirche auf lange Sicht in Misskredit bringt. Es ist tatsächlich nur eine Frage der Zeit. Oder wie lange würden Sie das mitmachen? Immer wenn Ihnen an dem, was Sie in der Kirche zu hören bekommen, irgendwas schleierhaft ist, kommt eine kirchliche Amtsperson daher und erklärt Ihnen: liegt nicht an uns, Gott war's! Wenn Sie die Kirche lieben, machen Sie das womöglich sehr lange mit. Aber nicht für immer und alle Zeiten. Sicher rührt ein Gutteil des Vertrauensverlustes, den die Kirchen in der Gegenwart erleben, aus diesem alten, selbstgemachten Dilemma.

Aber glauben Sie nicht auch, dass die Lösung sehr einfach wäre? Die Erlösung darf nicht nur behauptet, sie muss erfahrbar gemacht werden, das wär's schon. Sie muss Fleisch werden. Dass das möglich ist, zeigt das Zeugnis der christlichen Mystiker. Die mystische Erfahrung der Erlöstheit heißt „Unio Mystica", die „mystische Einheit". Und sie ist wirklich erfahrbar.

Und das wäre dann die Antwort auf die religiöse Grundfrage, Sie erinnern sich: was ist das Leben? Antwort: erfahre das Heilige. So einfach ist die Grundstruktur von Religion.

„Erlösung" ist das christliche Wort für den Vorgang der Befreiung. Anderswo heißt er Moksha, Satori, Wesensschau oder Erleuchtung. Auch „Auferstehung" fällt in diese Kategorie. Das Ergebnis der Befreiung heißt Himmel, Nirvana oder eben Unio Mystica.

Befreiung von Sünde ist dabei die christliche Variante. Allgemeiner gefasst und für alle Religionen gültig kann man formulieren: Ziel ist das Freiwerden von der Verstrickung in etwas Minderes, ins Materielle, Sündige, Karmische.

Eben darum geht es zum Beispiel auch bei der „Erleuchtung", die in der Regel mit dem östlichen Kontext, speziell dem Buddhismus in Verbindung gebracht wird. Witzigerweise beschreibt der Buddhismus selber den Vorgang aber eher als „Erwachen". Buddha heißt ja: „der Erwachte". Welche Vorstellung schlummert da im Hintergrund? Schlafen wir denn? Genau so ist es.

Die Verstrickung ins Materielle, ins Karmische wirkt auf Sie und mich (uns alle) wie ein Betäubungsmittel, mit dem Ergebnis, dass wir alle schlafen. Außer in heiligen Augenblicken, da sind Sie wach. Normalerweise aber schlafen Sie, Sie sehen nicht die Wirklichkeit, die Welt, wie sie ist, sondern Traumbilder, Vorgaukelungen. Dass die Welt in Gut und Böse eingeteilt wäre, in Schön und Hässlich, in Erstrebens- und Vermeidenswert, in Liebens- und Hassenswert und so weiter. Als zerfiele sie in lauter Gegensätze. Das tut sie aber gar nicht, sondern höchstens Ihr Denken. Sie täuschen sich über die wahren Zusammenhänge, vor allem in Bezug auf sich selbst, und das ist das Gravierendste. Sie haben ein bestimmtes Bild von sich, von Ihrer Umwelt, von den anderen Menschen. Aber dieses Bild ist eben nur ein Bild, flach und mit nichts dahinter. Sie sind aber in Wirklichkeit dreidimensional, mit Tiefen, Abgründen und Höhen, Ihre Wurzeln reichen weit hinunter ins heilige Leben, und Ihre Zweige wiegen sich im goldenen Wind. Wenn jemand Sie fragt, wer Sie sind, antworten Sie mit Ihrem Namen, mit Herkunft, Beruf und Familienstand. Als ob Sie das *wären!* Wer sind Sie in Wirklichkeit? Was ist das Leben in Wirklichkeit?

Um das zu beantworten, müssen Sie „aufwachen" aus allen Vorstellungen, die Sie sich machen. Nichts gegen Ihre Vorstellungen von der Welt. Aber vergessen Sie nicht: es sind bloß Legoklötzchen, aus denen Sie die Welt nachbauen. Das ist lustig, und um die Welt und ihre Abläufe zu begreifen, sind solche Modelle sogar unerlässlich. Aber es ist halt am Ende nur eine Legolandschaft, nicht die Welt. Das sollte man nicht verwechseln.

Tut man aber dauernd. Man verwechselt die Konzepte, die man sich macht, die eigene Sicht auf die Wirklichkeit mit der Wirklichkeit selber. Aber die Wirklichkeit können Sie nicht denken, nur erfahren. Sie heißt ja auch „Wirklichkeit", weil sie auf Sie „wirkt". Das Aufwachen ist die unmittelbare Erfahrung der Wirklichkeit, der „Wesensnatur", wie Zen es ausdrückt. Also die Erkenntnis der wahren Natur der Welt. Diese wahre Natur ist einfach, klar und heil, und ihre Erkenntnis ist der heilige Augenblick. Das Wort „Erkenntnis" übrigens ist ein wenig heikel, weil es an gedankliche Erkenntnis denken lässt, wenn Sie nachsinnen und Ihnen dabei ein Licht aufgeht. Es gibt aber auch eine gesamtmenschliche, eine Ganzkörpererkenntnis, wenn Ihnen das Licht nicht nur im Kopf, sondern überall aufgeht, vor allem im Herzen. Mit Auswirkungen auf alles, Ihr Denken, Fühlen, Wahrnehmen und Wollen. Diese Art von Erkenntnis der Wirklichkeit ist gemeint.

Die Natur ist heil. Das bedeutet: sie ist ungeteilt. Hier liegt die Verbindung von Erleuchtung oder Erwachen mit der Unio Mystica, dem heiligen Augenblick der Einheit. Der spätmittelalterliche mystische Theologe Nikolaus von Kues hat dafür ein faszinierendes Bild gefunden: die „coincidentia oppositorum". Das heißt, der „Zusammenfall der Gegensätze". Das ist die Erkenntnis im heiligen Augenblick: die Gegensätze existieren nicht mehr, sie fallen in eins.

Wie jetzt? Was heißt das? Wird alles zum ununterscheidbaren Brei? Mitnichten. Alles ist vollkommen unterscheidbar, Sie nehmen ja glasklar wahr, nicht wie unter Beruhigungsmitteln oder Alkohol oder beidem gleichzeitig. Aber die Unterschiede sind keine Gegensätze. Finden Sie das wieder spitzfindig? Folgendes meine ich: Unterschiede sind real vorhanden, Sie verstehen. Bäume, Häuser, Menschen, Arme, Beine, Kopf, Denken, Fühlen und so weiter – sind unterschiedlich, ganz klar. Aber gegensätzlich? Wo kommen die Gegensätze denn her? Doch nicht aus der Wirklichkeit, hören Sie mal. Sondern aus Ihrer Sicht der Wirklichkeit. Da nämlich ist alles schön eingeteilt, sortiert, kartografiert, in Kästchen und Schubladen verteilt, und damit Sie sich überhaupt zurechtfinden in dieser ganzen gewaltigen labyrinthischen Lagerhalle voller Gipsabdrücke, die Sie zu Tausenden der Wirklichkeit abgenommen haben, brauchen Sie Orientierung: Regalfächer oben und Regalfächer unten, links und rechts und hinten und vorne ... Da haben Sie Ihre Gegensätze. Nach denen sortieren Sie Ihr Lager. Praktisch, richtig so. Aber bitte, da drin wollen Sie doch hoffentlich nicht leben.

Das reinste Gefängnis! Wenn Sie ins Freie treten, sind die Gegensätze wie weggeblasen, und vor allem auch, jetzt halten Sie sich fest, der Gegensatz von Leben und Tod. Im Ernst. Weg.

Und das führt sofort zum nächsten, nämlich zur „Auferstehung". Das Wort bezeichnet zunächst einmal die Auferstehung Jesu von den Toten. Aber was ist mit der Auferstehung Jesu eigentlich gemeint? Nicht einfach seine Rückkehr ins Leben. Überlegen Sie mal, das wäre ziemlich witzlos. Dann käme ja nur irgendwann der Tod zum zweiten Mal an, und das Spiel ginge von vorne los. Was soll das?

Nein, gemeint ist eine andere Art von Leben, zu dem Jesus aufsteht, als hätte er zuvor geschlafen. Neue, vollkommen andere Lebendigkeit, das eigentliche Leben, das „Leben in Fülle", wie das Neue Testament sagt, das keinen Tod mehr kennt, ein Leben „zur Rechten des Vaters", das heißt doch wohl: in mystischer Einheit. Jenseits der Gegensätze.

Auferstehung beschreibt den Vorgang des „Aufstehens" vom Todesschlaf, mit dem Grab als Gefängnis. Das Aufwachen zu wahrer Lebendigkeit. Und das ist das Gleiche wie Erleuchtung, Wesensschau, Erwachen.

Jesus wäre also erwacht? Sieht ganz danach aus. „Schön", werden Sie jetzt vielleicht sagen, „aber was hat das mit mir zu tun? Soll das heißen, dass ich also dadurch erlöst bin? Dadurch dass Jesus erwacht ist oder auferstanden?"

Sie sind dadurch erlöst, dass es Auferstehung gibt. Das ist das ganze Geheimnis. Und jetzt können Sie sich raussuchen, ob Sie sie erfahren wollen oder nicht. Freie Auswahl. Aber darf ich Ihnen was raten? Na, Sie wissen schon.

Dualität

Was meinen Sie, wie wär's noch mal mit einem Blick in Ihre Lagerhalle? Ich malträtiere Sie jetzt mit ein bisschen was Theoretischem, aber ich mach's kurz.

Von Gegensätzen war schon die Rede. Man kann statt „Gegensatz" auch „Dualität" sagen. Also „Zweiheit". Die Begriffe sind aber nicht deckungsgleich. Dualitäten sind die Vorstufen zu Gegensätzen.

Ihre und meine (unser aller) gesamte Weltsicht besteht aus Dualitäten, von denen manche zu regelrechten Gegensätzen ausgebaut werden. Aber nicht alle. Beispiele für Dualitäten sind Sonne und Erde, von denen schon die Rede war. Oder Tag und Nacht, männlich und weiblich, Himmel und Erde, Diesseits und Jenseits, geben und empfangen, tun und erleiden, Yin und Yang, Schöpfer und Schöpfung, Gott und Mensch, Zeit und Ewigkeit und so weiter. Eben, Ihre Weltsicht ist voll von Dualitäten. Und auch die Religionen werfen sich darauf wie die Katze auf die Maus und kauen darauf herum.

Dualitäten, und das im Gegensatz zu Gegensätzen (verzeihen Sie die alberne Pointe), schließen einander nicht zwangsläufig aus, sondern können sich komplementär zu einem Ganzen ergänzen (schon wieder so eine Pointe). Dualitäten benennen oft zwei Enden derselben Skala. Wie das zum Beispiel bei „heiß" und „kalt" der Fall ist. Die schließen sich ja nicht aus, sondern dazwischen existiert angenehmerweise ein Mittelbereich, sonst wäre das Duschen für Sie kein reines Vergnügen. Die Unterschiede sind graduell, und im Heißen steckt immer auch etwas Kaltes. Dadurch ist eine Sache wärmer als eine andere oder kälter oder knallheiß oder eiskalt. Bei dualen Paaren gibt es Mittelbereiche. Auch zwischen „heilig" und „profan". Der Schwellenbereich zwischen beiden ist nicht trennscharf, sondern durchlässig.

In der Wirklichkeit gibt es verschiedene Phänomene, aber die Herstellung von Dualitäten oder Gegensätzen ist ein Denkvorgang, ein grundlegender sogar, nämlich das „Definieren", wörtlich: „abgrenzen". Das passiert zwangsläufig und vollautomatisch, weil es ohne gar nicht geht. Erst auf dieser Grundlage funktioniert das Denken überhaupt. Die wahrgenommenen Dinge werden voneinander abgegrenzt und vereinzelt, erst dann kann das Denken sie in hierarchische Reihenfolgen bringen, einander über-, unter-, bei- oder zuordnen oder gegenüberstellen. Ohne Abgrenzungen kein Denken. Das Denken kann also von seiner Funktionsweise her gar nicht anders sein als dual.

Für die Dualitäten heißt das: es sind nur Hilfskonstrukte des Denkens, Reduktionen. Sie wissen schon, legohafte Nachbildungen dessen, was Sie wahrnehmen. In den Dualitäten spiegeln sich Konzepte der Wirklichkeit. Es sind Modelle von der Art des Bohr'schen Atommodells. Wenn Sie sich das betrachten, wissen Sie noch lange nicht, wie ein Atom aussieht, Sie kennen nur bestimmte Aspekte seines Verhaltens, mehr nicht. Nur die Umrisse. Das ist wie ein unscharfes Urlaubsfoto, das Sie Ihren Freunden zeigen mit den Worten: „Also, das da hinter mir ist ein gotischer Kirchturm." Aber wo war das jetzt gleich noch mal, in Freiburg oder in Ulm?

Auch „heilig" und „profan" bilden, in diesem Lichte besehen, nur ein Modell für etwas, das Sie wahrnehmen. Aber, Sie wissen ja, das Heilige ist kein Konzept. Sondern real erfahrbar. Trotzdem, Sie können nicht anders und bilden ein duales Paar. Ein Modell namens „heilig und profan".

Zur Ehrenrettung von Modellen muss man sagen, dass sie natürlich kein beliebiger Unsinn sind. Sie bilden zwar auf schematische Weise Aspekte der Wirklichkeit ab, diese Aspekte jedoch zutreffend. Dazu sind sie da, sonst würden sie nichts taugen. Heißt also: das duale Paar „heilig" und „profan" bildet etwas Zutreffendes ab. Nämlich das Außerordentliche der Erfahrung des Heiligen im Unterschied zu gewöhnlichen Alltagserfahrungen. Das leistet das für Religionen sehr praktische Modell „heilig und profan".

Aber wie sieht's mit der Wirklichkeit dahinter aus? Wenn duale Paare erst im Denken erzeugt werden, und so auch „heilig und profan", und wenn also im „Heißen" auch immer etwas „Kaltes" drinsteckt, bedeutet das dann, dass im Profanen etwas Heiliges steckt und umgekehrt?

Genau das ist doch Ihr ursprüngliches Weltgefühl von vor 30 000 Jahren, Sie erinnern sich? Die Dinge sind nicht getrennt, sondern bilden ein zusammenhängendes Kontinuum, einen einzigen, großen Kosmos.

Es ist auch die Essenz der mystischen Erfahrung, der Unio Mystica. Und auch die Essenz von „Erleuchtung" oder „Erwachen".

Der Buddha, so ein alter Koan-Text, habe im Augenblick seines Erwachens unter dem Bodhi-

Baum ausgerufen: „Ich und der ganze große Kosmos und alle lebenden Wesen erreichen gleichzeitig die Wahrheit!" Im Moment des Erwachens fallen alle Gegensätze in eins: ich, der Kosmos, alles Lebendige durch alle Zeiten hindurch. Und wenn im Johannesevangelium (Kapitel 10, Vers 30) Jesus sagt: „Ich und der Vater sind eins", dann steckt doch haargenau dasselbe dahinter. Es ist die Essenz der Erfahrung des Heiligen.

Fängt jetzt die ganze Sache nicht vielleicht an, Sinn zu ergeben, was meinen Sie? Wenn der Kosmos in Wahrheit gar nicht aus Dualitäten besteht, sondern eins ist, Sie ihn aber trotzdem immer in Dualitäten sehen, dann ist das Erwachen die schlichte Erkenntnis, dass Sie falschliegen. Und zwar von Grund auf falsch. Sie brauchen nur zu erkennen, dass Ihr duales Denken Ihnen die ganze Zeit im Weg steht, wie der Mond bei einer Sonnenfinsternis. Aber wie erkennen? Sie wissen schon: ganzkörperlich. Indem Sie das Heilige erfahren.

Die Dualität von heilig und profan begegnet auch noch in anderen Varianten, in denen die Sache jeweils ein wenig verschieden akzentuiert auftaucht. Nämlich zum Beispiel als das Paar „Geist und Materie". Oder, religiös formuliert: „Gott und Schöpfung". Oder auch: „Ewigkeit und

Zeit". In der antiken griechischen Philosophie, bei Aristoteles, begegnet ein analoges Paar: „Stoff und Form". Sieht zwar auf den ersten Blick anders aus, läuft aber auf etwas Ähnliches hinaus. Bei Platon oder bei Heidegger treffen Sie auf „Sein und Seiendes". Und im Zen ist die Rede von „Leerheit und Form".

All diese Dualitäten (von denen es noch mehr gäbe, die hier reichen aber schon) sind Modelle für denselben grundlegenden Zusammenhang, der sich ungefähr auf folgenden Punkt bringen lässt: es gibt auf der einen Seite die Gegenstände, die Gestalt und Form haben, die sichtbar, fühlbar, wahrnehmbar sind, die entstehen und wieder vergehen. Also Menschen, Häuser, Bäume, Wind und Windräder, Sonne, Mond und Sterne, Gesetze, Traditionen, Liebe, Hass, Freude, Schmerz. Und auf der anderen Seite steht das Unwandelbare, das hinter den sich wandelnden Gegenständen ruht, als gleichmäßiger Quell und stiller Grund. Daraus geht alles hervor, was ist und geschieht. Und hier wird's mit den Bezeichnungen logischerweise etwas bunter: Natur, Evolution, kosmische Ordnung, Gott, Seinsgrund, Brahman, Wahrheit. Und beide Pole der Dualität existieren nur zusammen, keiner kann ohne den anderen existieren.

Sie können das in etwa vergleichen mit dem Verhältnis, das zwischen dem Material Gold und einem goldenen Figürchen besteht. Das Gold als Grundstoff ist immer dasselbe, das Gold an sich, würde der Philosoph sagen. Nur seine jeweilige Form ändert sich: mal ein Pferdchen, mal ein Amulett, mal ein Ring.

Oder Sie können es mit einem Schauspieler und seiner Rollenfigur vergleichen. Die Rollenfigur, nehmen Sie zum Beispiel den berühmten Hamlet, durchläuft eine höchst dramatische Handlung mit Mord und Totschlag und eigenem Ableben, während der Schauspieler dabei keineswegs stirbt. Nach der Vorstellung trinkt er ein Bier, geht ins Bett und spielt am nächsten Tag Don Carlos.

Merken Sie was? Da liegt die Stelle, wo die Religion die Kunst berührt. Das ist natürlich blödsinnig formuliert … Richtig muss es heißen:

Merken Sie was? Religion und Kunst sind ein und dasselbe. Nicht zwei.

So viel zur Dualität.

Ursprünge von Kunst

Die Kunst – wo kommt sie her, wo will sie hin, was soll sie eigentlich? Und was fällt überhaupt unter den Begriff?

Ich beginne ohne Umschweife mit der knallharten Feststellung, dass Kunst zum Wesen des Menschen gehört. Sie ist nicht irgendetwas Beliebiges, irgendein Tinnef, den sich irgendwer, der zu viel Zeit hatte, ausgedacht hat, aus Schabernack, Dummheit oder Profilsucht. Nein. Kunst gehört zum Menschen wie sein Denken, Fühlen und Wollen, wie Angst und Ahnung, wie Religion und die Frage nach dem Sinn, wie die Erfahrung des Heiligen.

Die Kunst ist Ihnen eingeboren. Gleichsam als eines Ihrer Organe für Ihre Begegnung mit der Wirklichkeit. Und wenn Sie genau hinschauen, sieht es ganz so aus, als wäre es just die Kunst, die den Menschen vom Tier unterscheidet. Nicht das Selbstbewusstsein (das zumindest im Ansatz auch Primaten haben) oder die Fähigkeit zur Sprache (die nicht nur Primaten haben). Haben Sie eigentlich gewusst, dass es Menschenaffen gibt, die die menschliche Gebärdensprache erlernt haben?

Aber wo genau kommt die Kunst her? Aus welchem Impuls, welchem Ursprung und Motiv? Warum tun Sie das?

Wie, Sie tun gar nichts Künstlerisches? Schwer vorstellbar. Nach welchen Kriterien richten Sie Ihre Zimmer ein? Nur nach logischen? Und am Ende legen Sie den Kopf schief, lächeln und denken: so passt's. Oder haben Sie schon einmal einen Weihnachtsbaum geschmückt? „Nein, diese rote Kugel passt hier nicht, sie muss nach da ..." Warum, aus welchen Gründen? Haben Sie schon einmal ein Foto geschossen, und zwar nicht zur Erinnerung, sondern einfach weil das Motiv so schön war, dass Sie mussten? Jawohl, auch Sie gestalten hier und da Dinge aus rein bildhaften inneren Antrieben heraus.

Und so viel steht fest: das tun Sie schon seit 30 000 Jahren. Erinnern Sie sich? Es gibt Felszeichnungen, Höhlengemälde, komplexe Steinritzungen, Kultfiguren, Skulpturen, die Zehntausende von Jahren alt sind. Was ist da in Sie gefahren, was hat Sie da geritten? Lebensnotwendig im Sinne von Nahrung und Obdach war das wohl kaum. War es vielleicht auf eine andere Weise unvermeidlich?

Die Welt erschien Ihnen geheimnisvoll, aber wohlgeordnet und dienlich eingerichtet. Sie erkennen wiederkehrende Muster in Tier- und Pflanzenwelt, daneben feste Abläufe, Tageszeiten, Jahreszeiten. Überall herrschen Rhythmen und Gesetzmäßigkeiten. Selbst noch da, wo das Chaotische hereindrängen will, in Gestalt von Unwettern oder Naturkatastrophen. Auch da noch herrschen im Hintergrund die gleichen Gesetze, die gleiche Ordnung, das merken Sie.

Sie können diese Ordnung aber nicht greifen, nur ihre Wirkungen. Sie ist verborgen. Die verborgene Ordnung liegt hinter allem oder steckt in allem, man weiß nicht wo, sie ist geheim, unergründlich, und wenn Sie von ihr reden, kommen nur halbgare Brocken heraus. Sie ist „metaphysisch", also wörtlich: „hinter der Natur". Oder „transzendent", das heißt: „überschreitend". Sie wirkt auf Sie ein, und Sie erahnen sie. Sie schimmert Ihnen entgegen aus allem, was Sie sehen und in die Hand nehmen. Sie ahnen: hier ist etwas Verborgenes anwesend, hier geht etwas Gesetzmäßiges vor.

Diese Ahnung ist der erste künstlerische Impuls. Und, Sie erinnern sich, der erste religiöse.

Hier geht die Sonne auf, und gegenüber geht sie unter. Ganz da oben in der Mitte zwischen Auf-

und Untergang steht sie am höchsten Punkt. Aber gegenüber ist sie nie. Und das wiederholt sich jeden einzelnen Tag, wobei die Sonne von Tag zu Tag bald höher, bald niedriger am Himmel ihren Bogen beschreibt. Immer im selben Koordinatensystem dreier Punkte, Aufgang, Höchststand und Untergang, und mit der Leerstelle dort, wo der vierte Punkt fehlt. Das ist, und nicht nur vor 30 000 Jahren, die große Welt, wie sie sich zeigt. Als eine Welt in vier Richtungen: Ost, West, Süd, Nord – so sagen Sie heute dazu. Diese geheimnisvolle Vierheit, die Ihnen hier aufscheint, ist ein regelhaftes Muster, und es ist auf faszinierende Weise zugleich verborgen und offenbar.

Dieses Schillern zwischen Ungreifbarkeit und Sichtbarkeit lädt Sie auf wie mit elektrischer Energie, und die sucht sich die Erde, an der sie sich entladen kann. Den Stoff. Und Sie beginnen, mit Ihren Händen Gestalten hervorzubringen. Sie ritzen Striche in den Sand, kneifen die Augen zusammen und fragen sich, ob's passt. Nein, Sie brauchen etwas Dauerhafteres. Sie ritzen Ihre Striche in einen Stein, in eine Felswand, vier Striche, die Ihnen die vierseitige Welt abbilden, Strichreihen, Strichgitter, Sie fangen an, Vierecke zu zeichnen, mühlebrettartige Gebilde, zunehmend komplexer, zunehmend abstrakter … Sie schauen sich um und erkennen Dinge in einander wieder, fantastisch. Dinge wiederholen sich eins im anderen. Sie tasten Formationen im Fels ab, erkennen Tierkörper darin und beginnen, sie nachzufahren, sie mit Farbe zu bedecken ... Sie betrachten Ihre eigenen Hände, die alles tun können, töten, berühren, schlagen, fühlen, gestalten, als hätten sie ein eigenes Leben, und Sie legen sie auf den Fels und fahren sie nach ...

Das ist der Anfang des künstlerischen Tuns. Von innen heraus, ohne Vorsatz, ohne Absichtserklärung oder bewusste Entscheidung von der Art „ich erschaffe jetzt etwas" oder auch „ich bilde das da ab". Denn es handelt sich gar nicht um „Abbildungen".

Sie leben seit knapp 200 Jahren im Zeitalter der fotografischen Reproduktion und verstehen deshalb unter einer Abbildung eine optische Reproduktion. Und zutreffend oder korrekt ist sie dann, wenn sie mit dem Original optisch übereinstimmt. Um so eine Art von Ab-Bild ging es vor 30 000 Jahren natürlich nicht. Damals, auch wenn das heute kaum zu glauben ist, konnten Sie sich noch nicht einmal in Ihren Träumen vorstellen, dass das, was sich ununterbrochen vor den Augen abspielt, auf irgendeine Weise festhaltbar sein könnte und dann sogar reproduzierbar.

Damals ging es Ihnen bei Ihrem gestaltenden, künstlerischen Tun nicht um Abbildung, sondern um eine Art inneres Nachempfinden, wie man eine Form mit den Fingern nachfährt. Die Kunstwerke von einst weisen dabei eine große Bandbreite auf, zwischen naturalistisch und erstaunlich reduziert, fast modern. Diese Kunst war der Versuch, sich mit dem Unsichtbaren zu verbinden, es zu ergründen, zu ergreifen, zu begreifen. Und es zu beschwören. Die Kunst war und ist wie das Aussprechen eines Zauberwortes, durch das die Welt verwandelt wird und ihr wahres Gesicht zeigt. Und dieses Gesicht ist heilig, heilig im tiefsten Sinn. Es ist ganz deutlich: das Religiöse und das Künstlerische sind nicht zwei getrennte Disziplinen.

Das alles gilt nicht nur für die graue Vorzeit, sondern bis heute. Sowohl das über die Kunst als auch das über die Religion. Natürlich haben sich die Dinge in den letzten paar Tausend Jahren gewandelt, in Kunst und Religion, und deswegen ist es heute oft schwierig, das Essenzielle darin zu erkennen. Im Laufe der Jahrtausende sind auch tausenderlei Motive hinzugekommen, mit denen sowohl die Kunst wie die Religion aufgeladen und in Dienst genommen wurden oder werden sollen. Ideologische Motive, machtpolitische, finanzielle und so weiter. Mit Kunstwerken lassen sich Potentaten feiern, werden gesellschaftliche Zustände legitimiert und wird jede Menge Kohle gemacht. Und wo solche Motive sich einmengen, die mit dem ursprünglichen Impuls wenig bis gar nichts mehr zu tun haben, wird es halt immer schwieriger, diesen noch zu erkennen.

Gegen diese Aufladungen sind leider auch Sie als kunstschaffender Mensch nicht gefeit. Sie können noch so redlich sein, Sie stecken doch, einfach weil Sie hier sind, in einem undurchdringlichen Motivdickicht. Ein Dilemma. Dasselbe Dilemma wie auch in den institutionalisierten Religionen.

Was ist Kunst?

Im vorigen Kapitel haben Sie von den Ursprüngen her ein paar Blicke auf die Kunst getan. Es war davon die Rede, dass Kunst verborgene, erahnte Ordnungen nachempfindet, enthüllt und beschwört. Das sei der Ursprungsimpuls von Kunst.

Seit diesen Ursprüngen haben sich verschiedene Künste ausdifferenziert, und man hat sich angewöhnt, sie in Kategorien einzuteilen (zu definieren, Sie erinnern sich). Zum Beispiel in darstellende und bildende Künste. Darstellende Künste, etwa Schauspiel oder Tanz, unterliegen einem zeitlichen Ablauf, haben einen Anfang und ein Ende und hinterlassen keine sichtbare Spur. Dagegen finden bildende Künste, zum Beispiel Malerei oder Bildhauerei, vorrangig im Raum statt und manifestieren sich anhand von Gegenständen. Man spricht deshalb auch von zeitlichen und räumlichen Künsten. Und daneben unterscheidet man noch Musik und Literatur als zwei eigene Größen.

In Wirklichkeit sind diese Unterscheidungen natürlich mehr oder weniger willkürlich, weil auch Schauspiel im Raum stattfindet und die Schaffung einer Skulptur wie auch deren Betrachtung natürlich Zeit erfordert. Und Musik ist sowohl ein Klanggebilde in einem Raum als auch ein Ablauf. Analoges gilt für die Literatur.

Kunst geht immer mit beidem um, mit Raum und Zeit. Mit der Welt. Und ihre greifbaren Spuren bleiben mal für 20 000 Jahre und mal nur für einen Augenblick manifest. Aber was macht das für einen Unterschied? Ein Kunstwerk hat zwei eigentliche Momente: den Moment, in dem es erschaffen wird, und den Moment, in dem es wahrgenommen wird – und es ist völlig unerheblich, ob dazwischen Jahrtausende liegen.

Und was sagen Sie jetzt dazu: in allen Künsten, wie auch immer sie heißen, mit welchem Material auch immer sie umgehen, ereignen sich prinzipiell immer dieselben Vorgänge, und zwar sowohl bei der Erschaffung eines Kunstwerkes wie auch bei seinem Hören, Lesen, Betrachten. Was halten Sie davon? Kann das wirklich sein? Dass ein Maler dasselbe tut wie eine Schauspielerin?

Also zuerst mal: was passiert bei der Erschaffung eines Kunstwerks, was passiert beim sogenannten künstlerischen Vorgang?

Ein Maler sitzt am Fenster und schaut hinaus in die Nacht, leichte Dunstschleier am Himmel, Sterne und Mond strahlen klar herunter. Er greift zu Pinsel und Farbe und macht sich an die Leinwand. Er malt eine Sternennacht mit Himmelskörpern, die leuchten wie Wolken aus Licht, mit ausgedehnten Höfen, dazwischen verwirbelte Schleier aus Dunst und Licht auf tiefem Blau. Blau auch die hügelige Landschaft, die klein wirkt unter diesem Himmel, mit einem nächtlichen, dunklen Dorf, hier und da ein matter Schein von Stubenlicht, nur im Vordergrund ragt von unten etwas Finsteres mächtig ins Bild, wie dunkle Flammen, vielleicht Zypressen, und alle Farben sind wie aufgelöst in eine Vielzahl von Strichen, die sich gegenseitig umkreisen, umschmeicheln …

Ist das, was Vincent van Gogh mit seiner berühmten „Sternennacht" erschaffen hat, ein Abbild dessen, was er gesehen hat? Nein, Sterne und Landschaften lösen sich bekanntlich nicht in Striche auf. Mehr noch: die Landschaft hat so nie existiert, sie ist komponiert. Was hat van Gogh also gemalt?

Er hat genau die Landschaft gemalt, die beim Malen der Landschaft entstand. Er hat die Landschaft vor seinem Fenster verwandelt, sie hat sich in ihm aufgelöst und neu zusammengesetzt, hat sich in ihm verbunden mit anderen Eindrücken, Bildern, Gefühlen, Erinnerungen, mit seiner Gemütslage, seiner Art zu sehen, mit seinem Sinn für Symmetrie und Harmonie, seinen technischen Fertigkeiten – kurzum: mit seinem Körper in seiner ganzen Gewordenheit, mit seinem Leib oder „Fleisch". Sie ist ihm in die Hand gefahren, in die Bewegung seiner Hand, und hier hat sie sich durch Farbe, Pinsel und Leinwand in etwas Neues umgesetzt. Ein hochkomplexer, kaum bewusster, künstlerischer Verwandlungsprozess, eine geradezu alchimistische Metamorphose hat stattgefunden, eine Art Verstoffwechselung. Durch einen äußeren Eindruck wurde eine innere Bewegung ausgelöst, die sich wieder in eine äußere Bewegung – der Hand, der Farben – übersetzt hat.

Eine Schauspielerin bereitet sich auf eine Rollenfigur vor. Sie liest den Text des Theaterstückes, sie liest den Text ihrer Rolle, tauscht sich mit den anderen Ensemblemitgliedern aus, mit dem Regisseur. Die Proben beginnen. Was tritt ihr aus dem Text entgegen? Wörter, Sätze, die eine fiktive Person spricht, fiktive Handlungen, die trotzdem, obwohl fiktiv, etwas in ihr anstoßen. Eine junge Frau im Zentrum männlicher Macht, eine unangebrachte Liebe, ein vormals weichherziger Verlobter am Rande des Nervenzusammenbruchs, ein

Mord ... All das weckt etwas auf in der Schauspielerin, Gefühle, Bilder von Personen und Situationen, Atmosphären und Stimmungen, Bruchstücke von Biografien, Sinnesreize, Körperempfindungen. Es regt sich was in ihrem Kopf, in ihrem ganzen Leib, gerät in innere Bewegung, kribbelt in den Gliedmaßen und drängt zum Ausdruck. Das ist der künstlerische Vorgang.

Die Schauspielerin beginnt, die Rollenfigur zu „spielen". Aber was heißt das? Tut sie so, als wäre sie jemand anders? Ein weit verbreitetes Missverständnis, sogar unter Schauspielern. Hören Sie mal, wozu soll es gut sein, sich auf eine Bühne zu stellen und so zu tun, als wäre man gar nicht der oder die und gar nicht hier? Was soll denn so ein Possenspiel, wem will man das zumuten? Nein, die Schauspielerin tut hoffentlich nicht so, als wäre sie jemand anders. Van Gogh sollte besser auch nicht so tun, als wäre er plötzlich eine nächtliche Landschaft. Das Missverständnis liegt im „so tun als ob". Das ist falsch. Der künstlerische Vorgang ist keine Vorspiegelung falscher Tatsachen.

Die Schauspielerin spielt die Rolle, bedeutet: sie folgt, so gut es geht, der inneren Bewegung, die in ihr stattfindet, mit ihrem Körper, mit Stimme, Gestus und Haltung. Sie versucht, die Rollenfigur zu „verkörpern". Zunächst gelingt das in der Regel nur unvollständig, aber sie wiederholt den Versuch immer wieder, ähnlich wie ein Maler sein Motiv malt und nochmals malt und übermalt und ein Schriftsteller immer wieder neu schreibt, und so entsteht allmählich Ophelia aus Shakespeares „Hamlet".

Was ist hier geschehen, wird die Schauspielerin zur Rollenfigur? Natürlich nicht, so wenig wie van Gogh zu seiner Sternennacht wird, hier ist keine Verwechslung möglich. Die Medien praktizieren das zwar vorsätzlich, wenn es heißt, der und der Schauspieler „sei" James Bond. Aber das ist Unsinn. Hoffentlich für die geistige Gesundheit des Schauspielers.

Und zugleich haben Sie ganz recht, wenn Sie fragen: „Aber ist van Gogh nicht doch auf irgendeine Weise zu seiner Sternennacht geworden, oder die Schauspielerin zu Ophelia?" Natürlich eben doch. Sie haben sich in ihr Kunstwerk umgesetzt. Und: sie tun nicht nur so! Das ist eben der Punkt. Nicht so tun als ob, sondern werden. Fleisch werden.

Ein Kunstwerk ist untrennbar mit dem Künstler verbunden. Nicht im Sinne der Urheberschaft. Künstler und Kunstwerk hängen eher zusammen wie Mutter und Kind, also organisch und nicht im Verhältnis von Urheber und Ergebnis. Und man kann noch nicht einmal sagen, dass sie in einer zeitlichen Reihenfolge entstehen, denn erst durch das Kunstwerk wird der Künstler ja zum Künstler und durch den Künstler das Kunstwerk zum Kunstwerk. Wie auch bei der Geburt die Mutter durch das Kind zur Mutter wird und das Kind durch die Mutter zum Kind. Verwirrend? Ist aber eigentlich ganz einfach.

Deshalb sehen Künstler und Kunstwerk einander ähnlich, sie sind blutsverwandt, sie sind ein Fleisch, könnten Sie sogar sagen. Sie können im Kunstwerk den Künstler sehen und umgekehrt.

Und noch was Wesentliches. Künstler und Kunstwerk bilden ein duales Paar. Sie erinnern sich? Beide ergänzen sich zu einem Ganzen, wie „Stoff und Form", und tatsächlich existiert eines nicht ohne das andere, nicht wahr? Es gibt kein Gemälde ohne Maler, und ein Maler, der keine Gemälde malt, ist keiner. Rollenfiguren ohne Schauspieler, die sie verkörpern, sind nur Texte, und Schauspieler ohne Rollenfiguren sind keine Schauspieler.

Aber jetzt kommt's: weil duale Paare bekanntlich nur Modelle sind, existiert in der wahren Wirklichkeit so was wie ein Künstler oder ein Kunstwerk überhaupt nicht. Wenn Sie bei strömendem Regen in einem See schwimmen gehen, wovon werden Sie dann nass? Das ist Unsinn, oder? Da gibt's nichts zu trennen. Sie sind halt einfach pudel-nass.

So wie beim Maler und bei der Schauspielerin verläuft der künstlerische Vorgang dem Prinzip nach immer, in allen Künsten. Wenn Sie künstle-risch tätig sind, setzen Sie eine innere Bewegung in eine äußere um, und immer ist das Organ, in dem und durch das Sie das tun, Ihr Körper, Ihr Leib oder „Fleisch". Was sonst, Sie haben ja sonst nichts.

Ihr Leib oder Fleisch ist aber viel mehr als Ihre materielle Ausstattung, Ihre Physis mit Knochen, Muskeln, Blut, Haut und solcherlei. Alles gehört dazu, wodurch Sie der Mensch sind, der Sie sind: das ganze Labyrinth Ihrer Erinnerungen, Konzep-te und Anschauungen, der gewaltige Reigen Ihrer Gefühle, Wünsche, Strebungen und Ängste, Ihre Begegnungen, Ihre komplette Biografie mit jedem winzigen Detail. All das sitzt in Ihrem Leib, wird in Ihnen Fleisch.

Wenn Sie Ihre innere Bewegung in eine äußere umsetzen, entsteht etwas Drittes, das sich von Ihnen loslöst und unabhängig macht. Ein Gemäl-de, ein Theaterstück, eine Skulptur, ein Roman, ein Choral, eine Rollenfigur. Dieses Neue und Eigenständige kann dann anderen vor Augen tre-ten. Das ist der zweite eigentliche Moment des Kunstwerks.

Was passiert beim Aufnehmen eines Kunstwerks durch den Betrachter, Hörer, Leser? Was passiert, wenn Sie in einem Konzert sitzen? Etwas Unsichtbares und nicht Greifbares kriecht in Ihre Ohren und ergreift Sie von innen. Es versetzt Sie in innere Bewegung, etwas gerät ins Fließen, Gedanken, Gefühle, Bilder, Atmosphären, bis zu körperlichen Empfindungen von kalt oder heiß oder Gänsehaut …

Es ist ein ganz ähnlicher Vorgang, wie er sich beim Erschaffen des Kunstwerks ereignet, aber es ist natürlich nicht derselbe. Beim Hören der Musik empfinden Sie nicht dasselbe wie der Komponist oder die Musiker. Sondern Sie geraten in Ihre eigene innere Bewegung – und in dieser Bewegung begegnen Sie vielleicht hier und da der Bewegung des Künstlers.

Sie wissen es, ich weiß es, nicht wahr: man stellt gerade bei einem Kunstwerk, das einen verwirrt, wirklich gern die Frage: was will der Künstler damit sagen? Aber leider ist das im Zusammenhang der Kunst fehl am Platze. Fragen nach Aussageabsichten gehören in Gespräche, wo es ja ab und zu mal zu Missverständnissen kommen kann. Und da darf man schon mal fragen: „Hör mal, was soll das eigentlich heißen, was du da sagst?"

Aber an ein Kunstwerk kann man die Frage nicht stellen. Weil das Kunstwerk nichts sagen will.

Es enthält keine Aussage, keine Mitteilung oder Botschaft oder Message. Das Kunstwerk ist vielleicht ein „Statement", das heißt: es stellt sich hin. Aber vielleicht nicht einmal das. Es existiert, es steht da wie ein Baum und hat nicht die Absicht, etwas anderes zu bedeuten als sich selbst. „Bedeuten" kommt ja von „deuten", also hinweisen, darauf zeigen. Was bedeutet ein Baum, worauf weist er hin? Am ehesten noch auf das Heilige, aber das tut alles.

Überhaupt Bedeutung. Bedeutungen erzeugen leider immer Sie selbst. Gilt nicht nur im Fall von Kunstbetrachtung, sondern generell. Der Schalterbeamte schaut Sie missmutig an. „Was hat das zu bedeuten? Hab ich was falsch gemacht, hab ich mich aus Versehen vorgedrängelt, trag ich meine Jacke auf links? Etwas muss es doch bedeuten, dass der so schaut!" So erzeugen Sie die Bedeutung nach Ihren eigenen Vorstellungen.

Zur Ehrenrettung von Bedeutung sei gesagt, dass Sie öfters natürlich auch recht haben. Sie sehen ein Verkehrsschild und wissen: stopp. Allerdings: ein Schild ist ja extra zum Bedeuten angefertigt, da ist es auch legitim und sogar höchst sinnvoll, die Bedeutung darin zu erkennen.

Gleiches gilt auch für die Sprache, aber, nun ja, nur zum Teil. Da geht's nämlich schon los. Die

Bedeutungen von sprachlichen Äußerungen sind nur zum Teil eindeutig, und das kommt daher, dass Sprache nicht primär zum Bedeuten erfunden wurde. Sie hat sich entwickelt aus urtümlichen Befindlichkeitsäußerungen. Das ist schon länger als 30 000 Jahre her, das liegt vor Ihrer Zeit. Befindlichkeitsäußerungen wie Stöhnen, Ächzen, Jauchzen. Da geht's nicht primär um Bedeutung, sondern um Ausdruck. Aber zugleich hängt das Jauchzen natürlich mit Fröhlichkeit zusammen und deutet darauf hin. Oder deutet es auf Schadenfreude hin? Da haben Sie's. In diesem Zwischenreich bewegt sich die Sprache vom Ursprung an. Zwischen Bedeutung und Missverständnis.

Und was hat jetzt also der missmutige Blick des Schalterbeamten zu bedeuten? Suchen Sie sich's aus. Vielleicht ist er ganz schlicht unausgeschlafen. Schauen Sie genau hin. Sind das nicht total krasse Augenringe?

Das nennt sich „Interpretation". Ist auch auf Kunstwerke anwendbar. Das wussten Sie schon, weil Sie mit so was schon in der Schule belästigt wurden, ich vermute, zu Ihrem Missfallen. Haben Sie begriffen, warum zum Beispiel Rilkes wunderbares Gedicht „Der Panther" so lange interpretiert werden muss, bis Ihnen am Ende jedes Gefühl für den Panther abhandengekommen ist? Wofür soll das gut sein? Ganz frech gefragt: wozu Interpretation eines Kunstwerkes? Oder interpretieren Sie auch Bäume?

Ja, aber was stattdessen? Man muss Kunstwerke doch verstehen! Nein, muss man nicht. Kein Stück. Man muss sie erleben.

Ein wirkliches Kunstwerk zeigt nicht auf etwas, sondern es zeigt sich selbst. Es ist so souverän wie ein Naturereignis, ein Stein, ein Tier, ein Mensch, und es kann für Sie so viel bedeuten wie eine Sternennacht.

Der Schamane

Wenn es tatsächlich so ist wie behauptet, dass Religion und Kunst aus demselben Impuls hervorgehen, wenn beide letztlich das verborgene Heilige, und wie es in der profanen Welt manifest wird, zum Gegenstand haben, wenn also vom Ursprung her Kunst Religion ist und Religion Kunst, dann stellt sich die Frage: war dann der Künstler von einst zugleich auch eine Art Priester und umgekehrt?

War er. Nämlich ein Schamane oder eine Schamanin.

Denken Sie sich zurück in die Vorzeit. In die Zeit vor die Unterscheidung dessen, was heute Kunst und Religion heißt. Beides ist vor 30 000 Jahren buchstäblich ein und dasselbe, vollkommen natürlich und organisch. Sie kennen nur den Schamanen Ihres Stammes. Künstler ... Priester ... was soll das sein? Was sind das für unnatürliche Spezialisierungen?

Vor hundert Jahren auf dem Dorf war's so: wer eine große Zange hatte, zog damit kranke Zähne und steckte anschließend Hufeisen in die Glut. Was soll man da trennen? Das sind doch gar keine zwei Berufe. Ist halt der Schmied.

Und der Schamane, wer ist das?

Das Wort klingt urtümlich, dunkel und rätselhaft, und tatsächlich ist auch seine Herkunft nicht sicher geklärt. Sicher ist allerdings: alle Kulturen der Welt, quer durch die Zeitalter und rings um den Globus, hatten und haben noch Schamanen. Die heißen nur verschieden, je nach Kultur. Zum Beispiel „Medizinmänner", was Ihnen, wenn Sie Karl May gelesen haben, wohl vertraut ist.

Nach allem, was man heute weiß, gibt es Schamanen, solange es menschliche Gesellschaften gibt, seit dem Beginn der Kultur. Archäologische Zeugnisse reichen 30 000 Jahre zurück, und es gibt sie weltweit. Im europäischen Kulturkreis besonders bekannt sind Darstellungen von mutmaßlichen Schamanen in jungsteinzeitlichen Höhlen in Südfrankreich, wo Menschen mit Hörnern und in Tierfellen offenbar beim Tanz zu sehen sind. Viel spricht überhaupt dafür, dass gerade die Höhlenkunst ins Umfeld von Beschwörung, Magie und Kult gehört. Mit einem Wort: zur Religion. Hier, in Höhlen, die schon für sich genommen besondere, heilige, geheimnisvolle Orte sind, wurde das Heilige erlebt und nachgestaltet.

Versetzen Sie sich zurück. Eine Pechfackel, die unstet flackert und rußt, Schwärze in den Winkeln, aber vor Ihnen, rot erleuchtet, die Felswand mit tausend Runzeln, mit Buckeln und Beulen, die immer wieder aus dem Schatten treten und darin versinken, wenn Sie die Fackel bewegen. Dann lösen sich Gestalten aus der Wand, Striche, Krümmungen wie Tiere, wie Menschen, in geheimnisvoller Bewegung. Alles ist eng, still und dumpf im Inneren der großen Erdmutter, wie im Mutterleib, kein Wind, kein Vogelzwitschern, kein weiter Blick zum Horizont, das Atemholen fällt schwer, die Luft ist zäh, kalt und feucht. Und auf der uralten Wand vor Ihnen, die schon seit vielen Generationen bearbeitet wird, ruhen wie ernste, stumme Zeugen Bilder der kosmischen Ordnung, von Tier- und Menschengeistern, von Ahnen. Das alles ist heilig. Und Sie entdecken neue Muster, die sich Ihnen enthüllen wie in einem Suchrätsel. Neue Linien tauchen auf, Wölbungen, und teilen Ihnen irgendetwas Namenloses mit, und Sie geraten in Bewegung und tauchen die Hand in die Farbe …

Die uralten Höhlen in Südfrankreich wurden in atemberaubender Qualität künstlerisch ausgestaltet. Von Beschwörern und Offenlegern einer geheimen Ordnung. Das Malen ist ein heiliger Vorgang, nichts daran beliebig, alles ist aufgeladen und induziert noch heute beim Betrachten in Ihnen ein mystisches Feld. Und noch andere heilige Vorgänge finden hier statt, bei Feuerschein, beim Klang zweier Hölzer, bei uraltem Gesang. Sie hüllen sich in das Fell eines mächtigen Bisons, bewegen sich wie ein Bison und machen Tierlaute. Sie verwandeln sich dem Wesen des Bisons an, werden zum Bison, stapfen einher in seiner Kraft, verbinden sich mit dem inneren Fluss seiner Lebensenergien.

Klingt das merkwürdig? Muss es nicht. Die Nachahmung von Tieren ist etwas grundlegend Menschliches. Kinder tun es. Und haben Sie zum Beispiel schon mal was vom „Spiel der fünf Tiere" gehört? Das ist eine alte, noch heute praktizierte Form des chinesischen Qigong, also ein meditatives Bewegungssystem. Im Spiel der fünf Tiere werden archetypische Tiere nachgeahmt, nämlich Tiger, Affe, Hirsch, Bär und Kranich, und dabei verbinden Sie sich mit deren urtümlicher Kraft. Ist gesund für Körper und Geist.

Wenn Sie sich Ihre steinzeitliche Höhle vorstellen, dann rutschen Sie dabei nicht ins Naive ab. Sie verspüren vielleicht die Versuchung, sie mit einfältigen Wilden in zottigen Gewändern zu bevölkern, die kindisch durch die Gegend hüpfen und nicht wissen, was sie tun. Widerstehen Sie der Versuchung. Die wussten genau, was sie taten. Sie waren mit den natürlichen Vorgängen und Abläufen ihrer Welt, die übrigens auch Ihre ist, hauteng verbunden und haben Ihnen eine fundamentale Lebens- und Überlebensfähigkeit voraus. Sie waren so mit der Welt verbunden, dass sie es geschafft haben, die äußerst unwirtliche Epoche der Letzten Kaltzeit zu überstehen, und das ging nur, weil sie Kenntnis hatten von grundlegenden naturgemäßen Zusammenhängen, von Rhythmen im Großen und Kleinen, organischen Kräften und steigenden Säften, von denen wir heute keine Ahnung mehr haben. Was meinen Sie, würden Sie und ich (wir alle) eine Eiszeit überleben?

In der urzeitlichen Höhle befinden Sie sich in einem Reich schwebender Bedeutsamkeit und hintergründiger Stille, alles ist verdichtet, aufgeladen, die Luft erfüllt von Ahnung und uraltem Wissen. Schamanen waren hier die Experten. Denn Schamanen sind die Experten für die „Anderswelt".

Der berühmte Religionswissenschaftler Mircea Eliade beschreibt den Schamanismus als „archaische Ekstasetechnik". Das kann man so machen, denn der Schamanismus hat eine ausgeprägt handwerkliche Seite. Und was ist mit „Ekstase"? Klingt das in Ihren Ohren nach Drogen- und artverwandten orgiastischen Exzessen? Was haben Sie in Ihrer Jugend denn so getrieben?

Das griechische Wort „Ekstase" bedeutet nicht so viel wie Orgie, sondern schlicht: „draußen stehen, heraustreten, außer sich sein". Das ist schon alles, nicht besonders spektakulär, nicht wahr? Sie treten gefühls- oder bewusstseinsmäßig aus einer gewohnten, alltäglichen Situation heraus – und hinüber in eine andere, besondere, nicht-alltägliche. Sie erleben eine Art körperlicher oder psychischer Erweiterung, Entgrenzung, Ihre Wahrnehmung wird weiter, auch Ihre Selbstwahrnehmung. Die Intensität des Erlebens kann variieren, von kosmischen Einheitsgefühlen, tiefer Ergriffenheit bis zu feinen inneren Glücksgefühlen.

Kennen Sie das? Zum Beispiel beim Tanzen? Oder bei anderen intensiven körperlichen Betätigungen? Bei der Meditation, aber auch beim Hören von Musik im Wohnzimmer? Sie kennen das. Plötzlich fällt alles Schwere von Ihrem Körper und Geist ab, und ein Gefühl von Offenheit, Freiheit und Beweglichkeit stellt sich ein, innen wie außen. Sie stellen mit heiterer Verwunderung fest, dass sich Ihr Bewusstsein nicht in seinem üblichen Dunstkreis bewegt und hier wie immer seine Runden dreht, sondern dass es irgendwie, komisch, gewissermaßen seitlich herausgefallen ist. Sie fallen irgendwie aus der Zeit heraus und sind mit einem Mal ruhig und geöffnet für das „ganz Andere", das Sie ergreift, erfüllt und vielleicht schaudern macht. Und das ist am Ende, Sie raten's schon: das Heilige.

Und jetzt kommt der schamanische Kniff. Ekstasen kann man nämlich „induzieren", das heißt: absichtlich einleiten, anstoßen. Eine Entdeckung, die Sie schon vor 30 000 Jahren gemacht haben. Wissen Sie noch?

Und jetzt überlegen Sie mal, was sich da für unglaubliche Möglichkeiten auftun. Sie sind nicht mehr darauf angewiesen, geduldig zu warten, bis sich ein heiliger Augenblick von selber einstellt, sondern Sie können – nein, Sie können ihn nicht erzwingen, aber Sie können ihn mit so unwiderstehlichem Nachdruck einladen, dass er sich's nicht zweimal sagen lässt.

Sie können die Hindernisse aus dem Weg räumen. Und das größte Hindernis sind Sie selbst, solange Ihr Bewusstsein verwickelt und befangen ist in Erinnerungen, Sorgen und Plänen, solange es ständig um Sie kreist und Ihnen einredet, Sie müssten in jedem Augenblick Herr aller möglichen Situationen sein. Dann sind Sie nicht wach. Aber darum dreht sich die Ekstase, ums Auftauchen, Aufatmen.

Schamanismus ist (auch) eine Technik, sagt Mircea Eliade. Wie sieht die aus, die Technik? Wie genau bewerkstelligt der Schamane die Ekstase?

Da haben sich im Laufe der Jahrtausende verschiedene Methoden entwickelt. Zum Beispiel: der Verzehr von sogenannten psychoaktiven Substanzen, also bewusstseinsverändernden Mitteln, wie sie in der Natur vorkommen, etwa in Gestalt von Pilzen, Früchten oder Beeren; Alkohol gehört auch dazu. Oder intensiver Tanz und stark rhythmisierte Musik. Oder das Ausführen bestimmter Atemtechniken. Oder eine Kombination von allem.

Die psychosomatische Wirksamkeit dieser Methoden ist heute auch medizinisch und psychologisch bestätigt. Sie verändern den Stoffwechsel, verändern Hirnströme, Kreislauf, Sauerstoffgehalt im Blut. Man kann ihre Wirkungen also messen. Das ist zwar langweilig, beruhigt aber wissenschaftliche Nerven. Obwohl, die Wissenschaft sieht natürlich keinen vernünftigen Grund, warum man sich veränderten Bewusstseinszuständen aussetzen sollte, und deshalb warnt sie davor. Sie hat damit leider nicht ganz unrecht, einige Methoden sind tatsächlich nicht harmlos, und ein Schamane hält sich deshalb an rituelle Vorschriften, die er gelernt hat.

Schamane oder Schamanin werden Sie nicht aufgrund einer Laune, auch nicht nach reiflicher Überlegung oder weil Ihnen gerade nichts Besseres einfällt. Man wird in der Regel nicht freiwillig Schamane, es sei denn, man ist ein wenig masochistisch veranlagt. Es ereilt Sie eher. Oft beginnt es damit, dass Ihnen etwas Einschneidendes widerfährt, etwas, das Sie bis ins Mark erschüttert. Eine lebensbedrohliche Krankheit, eine Nahtoderfahrung, eine grundstürzende Begegnung, Visionen, Traumgesichte. Dadurch passiert in Ihnen etwas, Ihre Fundamente lockern sich, Ihr Bewusstsein verliert seinen Zusammenhalt, fängt an zu schwanken, und das alles ist das Gegenteil von erfreulich. Die Tür zur Anderswelt, die Ihr Bewusstsein immer schön verschlossen gehalten hat, springt einen Spaltbreit auf, und Sie schauen mit Furcht und Schauder hinein wie in einen fremden Abgrund. Das alles ängstigt Sie zu Tode.

Aber der alte Schamane Ihres Stammes merkt, dass etwas Besonderes mit Ihnen vorgeht, und wird auf Sie aufmerksam. Reift hier ein Nachfolger heran? Er gibt Ihnen zu verstehen, was da vor sich geht. Wollen Sie diesem Pfad folgen? Haben Sie eine Wahl? Die Dinge geschehen, und der Schamane nimmt Sie in seine strenge Lehre. Sie müssen Fähigkeiten erwerben und handhaben lernen,

Sie müssen sich bewähren. Und Sie müssen immer tiefer verstehen, wer Sie eigentlich sind, was Sie tun und wie Sie es tun.

Die „Anderensweltreise", die Sie in Ihren induzierten Ekstasen vorsätzlich antreten, ist keine Vergnügungsreise und kein Spaßtrip, sondern eine äußerst wichtige, fordernde Aufgabe, auch körperlich. Immer wieder verbinden Sie das Heilige mit dem Profanen, immer wieder schlagen Sie die Brücke, knüpfen den Alltag ans Mystische und weben das Mystische in den Alltag. So nähren und erneuern Sie beständig das Profane aus dem Heiligen. Sie heilen Krankheiten, Sie beschwören die Fruchtbarkeit der Erde oder bereiten die mythischen Grundlagen für eine Jagd. All das sind Grundvollzüge von Religion, und Sie sind der Grenzgänger von hier nach dort und wieder zurück. Aus der Alltagswelt nehmen Sie Anliegen, Nöte, Gebete Ihres Stammes mit in die Anderswelt, und von dort bringen Sie Impulse zurück, denen Sie Gestalt verleihen. Sie gestalten Heiliges mitten im Profanen. Ein Heilmittel, ein Höhlenbild, ein Versöhnungsritual, einen Tiertanz.

Und jetzt schauen Sie sich einmal genau an, was Sie tun. Was sehen Sie da? Sie stellen Kultgegenstände her, denen Sie eine besondere, aufgeladene Aura zu verleihen vermögen. Sie fertigen und spielen Musikinstrumente, Trommeln und Flöten zum Beispiel. Sie tanzen aus innerer Bewegtheit. Sie erzählen Geschichten und Mythen und stellen sie anschaulich dar. Sie legen Verkleidungen an und treten auf als mythische Wesen, als Tier- und sonstige Geister ...

Kommt Ihnen das alles bekannt vor? Woher bloß?

Es sind die Künste. Und alles das ist zugleich Religion. Schamanen sind die Ureltern des Priesters wie auch des Künstlers (und übrigens, der Vollständigkeit halber: auch des Arztes).

Kunst ist Religion. Sie verbindet den Alltag mit der kosmischen Ordnung, mit dem Heiligen. Sie stiftet Sinn, Werte und Identität, sie enthüllt Wesenszüge der Wirklichkeit. Sie heilt Krankheit an Leib und Seele, sie schenkt Ihrem Leben einen Rahmen, schenkt Ihnen einen Platz in der Welt, die eine heilige Welt ist, Ihre Heimat.

Sie wissen ja, das alles sind keine Zwecke oder Ziele von Kunst, denn sie verfolgt keine Zwecke. Trotzdem hat sie Wirkungen, wie alles, worin eine besondere, heilige Kraft liegt.

Ein Film, der Ihr Herz berührt. Und wenn Sie das Kino verlassen, sind Sie still und nachdenklich. Sie schauen sich um, und, seltsam, die Menschen sehen anders aus, näher, menschlicher, vertraut.

Die Straßen, die Autos, alles verändert, es schimmert und schaut Sie an wie ein stiller Gruß. Ist etwas mit der Beleuchtung? Die abendlichen Laternen strahlen wie immer, an denen liegt's nicht. In Ihnen ist eine milde Freundlichkeit. Und irgendwie wissen Sie zum ersten Mal wirklich: das ist die Welt.

Theologie

Wenn Ihnen etwas widerfährt, das Sie aus dem Konzept bringt, dann lassen Sie sich vielleicht auf einen Stuhl fallen, runzeln die Stirn, starren in die Luft und fragen sich: „Was war denn das jetzt?"

Genau so ist die Theologie entstanden, genau aus dieser Frage. Aus dem Wunsch heraus, die Erfahrung des Heiligen zu begreifen. Oder sie wenn nicht zu begreifen, dann zumindest mitteilbar zu machen, sie irgendwo einzusortieren, irgendwie zu kategorisieren, ihre Herkunft, ihren Sinn und Zweck zu erklären.

Natürlich heißt das eigentlich nur dann „Theologie", wenn die entsprechende Religion mindestens eine Gottheit hat, denn Theologie heißt wörtlich: „Rede oder Lehre von Gott". Aber der Einfachheit halber soll hier alles Nachdenken über die Erfahrung des Heiligen Theologie heißen.

Theologie gehört zum exoterischen Teil der Religion, nicht zum esoterischen, das kennen Sie ja. Theologie ist idealerweise eine Hilfestellung zur

Erfahrung des Heiligen. Idealerweise. Und das ist auch schon das Äußerste, was sie leisten kann.

Um über das Heilige reden zu können, greift die Theologie zurück auf Zeugnisse der Erfahrung des Heiligen, wie sie zum Beispiel in den heiligen Schriften der Religionen vorliegen. Diese Erfahrungszeugnisse werden von der Theologie bewertet und systematisiert. Systematisierung kann dabei unterschiedlich weit gehen, von dem einfachen Sammeln und Beschreiben religiöser Phänomene bis zur Formulierung von unverrückbaren Aussagen, sogenannten Dogmen. Das Erstere ist im allgemeinen, falls Sie selbst eine solche Erfahrung anstreben, deutlich hilfreicher. Zu wissen, wie andere Menschen das Heilige erleben und was sie tun, um ihm zu begegnen – das hilft Ihnen viel mehr als Glaubensbekenntnisse, Gott ist dies, Gott ist das. Dogmen erschweren den persönlichen Zugang zur Erfahrung. Klar.

Die Erfahrung des Heiligen zeichnet sich ja gerade dadurch aus, dass sie anders ist als alles andere. Der berühmte mittelalterliche Kirchenvater Thomas von Aquin nennt sie „totaliter aliter". Klingt ein bisschen nach Kalauer, ist aber keiner, sondern heißt: vollkommen anders. Die Erfahrung übersteigt („transzendiert") das Alltägliche mit seinen gewohnten Denkkategorien. Die müssen deshalb beiseite, um die Erfahrung überhaupt zu ermöglichen. Wenn Sie dogmatische Festlegungen, das heißt Bewertungen, die andere Menschen vorgenommen haben, unbedingt in Ihrem Kopf festhalten wollen, steht Ihnen das natürlich frei. Nur gibt es dann halt keine Erfahrung.

Das gilt übrigens grundsätzlich für Erfahrung, dass sie durch Bewertungen verhindert wird. Deswegen hat man auch so gern Bewertungen, um sich vor Erfahrung zu schützen. Paranoid, oder? Ganz besonders paranoid, wenn Sie mal überlegen, dass andererseits Erfahrung neuerdings ins Extrem getrieben wird, Extremklettern, Extremradfahren, Extremfallschirmspringen. Sie können auch Extremcomputerspielen oder Extremfaulenzen. Alles extrem, aber ist das Erfahrung? Nein, Sie eifern nur anderen Menschen nach, die Ihnen was vorschwärmen, und wähnen dann, Sie fielen von einem Extrem ins andere, und sind doch nur ein Langweiler.

Theologie bezieht sich, deutlich gesagt, nicht auf das Heilige selbst. Sondern auf von Menschen gemachte, formulierte und gesammelte Erfahrungen des Heiligen. In der Bibel beispielsweise liegen solche Erfahrungen vor, die über einen Zeitraum von mehreren hundert Jahren schriftlich niedergelegt wurden. Wenn Sie allerdings schon einmal die Bibel durchgeblättert haben, sind Sie dabei vielleicht auf ein kleines Problem gestoßen: es gibt Dutzende verschiedener Textsorten. Archaische Erzählungen, Mythen, Rechtstexte, Kultvorschriften, historische Darstellungen, Lieder und Gedichte, prophetische Donnerreden und so weiter samt den jeweiligen Untertextsorten. Was davon ist aber bitte Zeugnis der Erfahrung des Heiligen?

Offenbar nicht alles im gleichen Maße, wenn überhaupt. Und das ist natürlich ein Dilemma. Es besteht, näher hingeschaut, darin, dass die Texte selber bereits zu einem Gutteil Theologie enthalten – was ja naheliegt. Überlegen Sie mal, wenn Sie von einem heiligen Augenblick erzählen wollten, wie würden Sie das anstellen? Sie würden natürlich Ausdrücke verwenden, die Ihnen zur Verfügung stehen, die Sie kennen. Sie würden Vergleiche anstellen, und wenn Sie christlich sozialisiert sind, würden Sie vielleicht sagen: „Ich habe Gott gespürt." Wären Sie aber Jude, würden Sie vielleicht von seiner „Einwohnung" sprechen, der Schechina, und das Aussprechen seines Namens unbedingt vermeiden. Als Hinduist wären sie „Shiva oder Shakti begegnet". Und als Zen-Meditierer hätten sie „die absolute Leerheit erfahren".

Die Erfahrung des Heiligen wird – nicht immer, aber meistens – in bereits vorhandene Vorstellungen gegossen wie das Metall in die Gussform. Und obendrein, leider sehr beliebt, wird die Erfahrung dann gern verzweckt. Sie wird um eine oder mehrere Absichten angereichert, natürlich um gute Absichten, wie etwa die Legitimation des Königs oder die Bemäntelung sozialer Missstände.

Deshalb liegt bereits die erste, heikle Aufgabe der Theologie darin, das Originäre der Erfahrung des Heiligen aus der jeweils ganz unterschiedlich geprägten Darstellung herauszuschälen. Das kann gelingen, muss aber nicht, und es berührt zwangsläufig den Bereich der Spekulation.

Das sind leider schon die Grenzen dessen, was Theologie leisten kann. Dieser engen Grenzen ist sie sich nicht immer bewusst. Keine Theologie ist das. Der Impuls, das Heilige ergründen, begreifen, erklären zu wollen, ist sehr stark, und der Gebrauch von Worten kann eine verführerische Eigendynamik entwickeln. Ein Begriff führt zum nächsten und beide ergeben den dritten und vierten, und dann kann man sie verschieden übereinanderstapeln, und siehe da, ein Bild entsteht, eine Legostadt. Wenn Sie daran einen Narren gefressen haben, können Sie nicht mehr aufhören, und Sie bauen immer weiter und weiter und vergessen, an was.

Deshalb ist es absolut notwendig für Sie, falls Sie über das Heilige sprechen wollen, dass Sie sich selbst immer wieder aufladen mit der Erfahrung des Heiligen. Erst dann bekommen Sie eine Ahnung, wovon Sie reden, das liegt doch auf der Hand. Dann können Sie Ihre eigenen Worte immer wieder korrigieren, verfeinern, revidieren und gegebenenfalls komplett in die Tonne treten.

Wie es von Thomas von Aquin erzählt wird: am Ende seines Lebens seien ihm nach einer tiefgreifenden Erfahrung des Heiligen all seine Schriften (und davon gab es sehr, sehr viele) wie Stroh erschienen, das ins Feuer gehört, und nur mit äußerster Mühe habe man ihn davon abhalten können, dem Wort die Tat folgen zu lassen. Zum Leidwesen zahlloser Theologiestudenten der folgenden Jahrhunderte.

Sie brauchen viel Zeit und viel Übung im Umgang mit der Erfahrung des Heiligen, bevor Sie halbwegs treffsicher davon sprechen können. Und schon gar, wenn Sie anderen auf dem Weg zu dieser Erfahrung helfen wollen. Nicht von ungefähr sind spirituelle Lehrer, geistliche Begleiter, Gurus, Zen-, Sufi- oder sonstige Meister in aller Regel ältere Menschen mit einem gerüttelt Maß an Lebenserfahrung.

Theologen tun sich und anderen einen großen Gefallen, wenn sie Dogmen einmal Dogmen sein lassen, auf die Suche nach eigener Erfahrung des

Heiligen gehen und danach erst einmal ganz vorsichtig und tastend von dieser zu reden versuchen. Die eigene Erfahrung des Heiligen, die Unio Mystica, Erleuchtung, Erlösung, Befreiung – das ist die unverzichtbare Basis für theologisches Reden. Sonst ist es leeres Stroh.

Haben Sie doch ein Herz für künftige Theologiestudenten.

Der wunderbare Tausch

Die kirchlich-christliche Theologie kennt verschiedene Fachabteilungen, wie zum Beispiel: eine biblische Abteilung, die sich mit Hintergrund, Entstehung und Auslegung der Bibel befasst; eine historische, in der es um Kirchengeschichte geht; eine pastorale, da geht es um die „Seelsorge"; eine juristische (Rechtsprechung der Kirche); eine liturgische; eine moralische; und auch eine dogmatische Abteilung, in der ergründet wird, woran eigentlich geglaubt wird, was genau es bedeutet, wenn man zum Beispiel sagt: Jesus Christus ist der Erlöser.

All diese Abteilungen mit weiteren Unterabteilungen sind nicht vom Himmel gefallen, sondern Ergebnis jahrhundertelangen historischen Wachstums, und sie haben sich naturgemäß gewandelt. Ich möchte Ihr besonderes Augenmerk nun auf die letztgenannte Abteilung lenken, die dogmatische.

Die Dogmatik begreift sich selbst als die theologische Zentraldisziplin, weil es hier ums Eingemachte geht, und sie gehört zum „systematischen"

Teilbereich der Theologie. Die Inhalte des Glaubens werden hier systematisch beleuchtet, in plausible, logische innere Zusammenhänge gebracht, erklärt, gedeutet und idealerweise auch noch sentenzenhaft formuliert, zum Beispiel so: „gratia supponit naturam" – Gnade setzt die Natur voraus, womit gesagt sein soll, dass Gott, wenn er in die Schöpfung eingreift, sich an die Naturgesetze hält.

Dieses, Sie merken es, sehr abendländische Verständnis, in dem das Denken, speziell das klassische philosophische Denken griechisch-römischer Herkunft in Begriffen und Kategorien und logischen Operatoren eine prominente Rolle spielt, beruht in starkem Maße auf der mittelalterlichen sogenannten scholastischen Theologie, die genau solches Denken zu ihrer wissenschaftlichen Leitlinie erhoben hat. Charakteristisch sind hier logische Beweisgänge, Pro-und-Contra-Argumentationen, Schlussfolgerungen und die berühmte Beweispointe „quod erat demonstrandum", abgekürzt als „q. e. d." – was zu beweisen war. Das Ganze geht im wesentlichen zurück auf die logischen Schriften des Aristoteles, der im 12. Jahrhundert wiederentdeckt und sogleich von dem erwähnten Thomas von Aquin weiterverwertet wurde.

Durch die Scholastik ist die Dogmatik natürlich ziemlich einseitig geprägt worden, und das wirkt sich bis in die Gegenwart hinein auf die gesamte Theologie aus, wie im vorigen Kapitel ahnbar. Theologen sind jedoch keine faulen Menschen, und sie versuchen, neue Ansätze zu entwickeln, denn so ziemlich allen ist klar: mit formaler Logik, wasserdichten Beweisen und starren Lehrsätzen kommt man, wenn's um das Heilige geht, das sich alledem konsequent entzieht, nicht sehr weit. Was zu beweisen war. Die Dogmatik ist hier im Wandel begriffen.

Aber bereits der Einzug der Scholastik in die Theologie damals war ein Wandel. Wie wurde in den mehr als tausend Jahren davor Theologie getrieben? Hier spielte der alte Grieche Platon, Lehrer des Aristoteles, eine nachhaltige Rolle, dessen Philosophie (als Neuplatonismus) durch Augustinus von Hippo ins Christentum importiert und erst unter Thomas von Aquin knapp 800 Jahre später wieder getilgt wurde. Aber im ersten Jahrtausend, in der frühen Kirche, war noch viel in Bewegung, es gab theologische Auseinandersetzungen um Wesen und Eigenschaften Gottes, oft auch um Kaisers Bart, und es gab noch Spielraum für originelle Sichtweisen. Eine davon will ich Ihnen jetzt schmackhaft machen: den wunderbaren Tausch. Lateinisch: „admirabile commercium".

Zur Erläuterung hole ich ein klein wenig aus.

Alle Religionen drehen sich, wie schon gesagt, mehr oder weniger deutlich um den Angelpunkt der Befreiung, der Überwindung von Verstrickungen mit dem Ziel der Erfahrung des Heiligen. So auch im Christentum, hier heißt dieser zentrale Punkt „Erlösung". Aber wo kommt das eigentlich her? Wieso Erlösung? Der Idee von Erlösung muss ja irgendeine konkrete Erfahrung zugrundeliegen. Das ist die Auferstehung Jesu.

Ganz gleich, wie Sie sich diese Auferstehung vorstellen mögen, körperlich, geistig oder wie auch immer – sie hatte unbestreitbar auf Jesu Gefolgsleute, seine Jüngerinnen und Jünger, einen bemerkenswerten Effekt. Die empfanden oder wussten sich nämlich mit einem Mal befreit, erlöst, und das so ernsthaft, dass sie Jesus als ihren Erlöser zu verehren begannen. Das war zu Jesu Lebzeiten eher noch nicht abzusehen gewesen. Sicher, Jesus muss zu Lebzeiten auffällig gewesen sein, er trat in Erscheinung als schriftkundiger Heiler, als faszinierender, zu Herzen gehender Prediger, als eigenwilliger Visionär mit prophetischer Aura. Ein Mensch von charismatischem Auftreten. Aber nun plötzlich, nach seinem Tod, kommt etwas Neues hinzu. Er wird neu gesehen, neu entdeckt: als selbst Erlöster, als Erwachter, zum neuen, eigentlichen Leben Auferstandener. Und als solcher erlöst er zugleich die ganze Menschheit …

Sekunde!

Diese Art von Kurzschluss kommt Ihnen vielleicht bekannt vor, falls Sie eine kirchliche Sozialisation hinter sich haben. Jesus ist auferstanden – und dadurch sind die Menschen erlöst. Kommen Sie da nicht ein bisschen ins Stolpern?

Noch mal ganz langsam: wodurch genau sind die Menschen erlöst? Durch Jesu Auferstehung, ja … aber wie? Was hat Jesus mit den Menschen zu tun, dass seine Auferstehung für sie Erlösung bedeuten kann? Wie hängt das zusammen?

Ich bestreite überhaupt nicht die Erfahrung der Jüngerinnen und Jünger: Jesus ist erlöst, wir sind erlöst, der ganze Kosmos ist erlöst. Genau so mögen die das empfunden haben. Aber nun? Stellen Sie sich vor, Sie wären eine Theologin oder ein Theologe und wüssten sich nun genötigt, weil das ja Ihr Beruf ist, diese Erfahrung theologisch zu erklären. Wie machen Sie das? Wie kriegen Sie das wasserdicht, dass die Erfahrung eigener Erlöstheit und die Auferstehung Jesu unmittelbar zusammenhängen? Knifflig. Scholastische Definitionen und logische Operatoren machen die Sache nicht besser. Sicher, damit können Sie herumjonglieren, und das sieht ganz hübsch aus. Klar können Sie einfach behaupten: A führt zu B, weil B per definitionem die Folge von A ist, q. e. d. – aber wollen Sie das wirklich?

Zum Glück genügt manchmal ein Blick auf uralte theologische Aussagen wie eben jenen wunderbaren Tausch.

Die Formulierung taucht im 2. Jahrhundert zum ersten Mal auf. Gemeint ist etwas ganz Simples: Jesus Christus und der Mensch tauschen ziemlich buchstäblich die Rollen, den Platz. Und zwar tun sie das nach einem Schema, das so schlicht und gleichzeitig so überraschend ist, dass man im ersten Moment zweifelt, ob das überhaupt christliche Theologie sein kann: Gott wird menschlich, und der Mensch wird göttlich.

Im Ernst? So einfach?

Dass Gott in Jesus Christus Mensch wird, das kennen Sie, falls Sie an Weihnachten schon mal im Gottesdienst waren. Aber ziemlich sicher kennen Sie nicht, dass der Mensch im selben Vorgang göttlich wird. Das mutet fast wie ein ketzerischer Gedanke an, nicht wahr, ist aber tatsächlich frühchristliche Theologie, die nie verworfen oder verurteilt wurde. Im Gegenteil, im katholischen Ritus heißt es bis auf den heutigen Tag in der Vesperantiphon vom 1. Januar: „O wunderbarer Tausch! Der den Menschen erschuf, nimmt menschliches

Leben an und wird aus der Jungfrau geboren. Von keinem Mann gezeugt, kommt er in die Welt und schenkt uns sein göttliches Leben." Und der heilige Kirchenvater des 2. Jahrhunderts Irenäus von Lyon, der als Gründungsvater der Dogmatik gilt, schreibt im dritten Buch seines Werkes „adversus haereses" (19,1), dass Gott Mensch wurde, damit der Mensch Gott werde. Er ist nicht der einzige Kirchenvater, der so etwas schreibt. Das ist drastisch, nicht wahr?

So drastisch – so einfach. Das Heilige und das Profane stehen nach dieser Sichtweise nicht mehr in Frontstellung gegeneinander, mit einem schmalen Durchlass für Auserwählte. Sondern beide werden so innig miteinander verschmolzen, sie werden so ineinander vertauscht, dass eines im jeweils anderen aufgeht. Das beginnt mit der Menschwerdung Gottes in Jesus, der „Fleischwerdung" oder „Inkarnation". Und gipfelt, und wird dabei offenbar, in der Auferstehung. Und jetzt wird langsam auch verständlich, was Erlösung eigentlich meint: alles ist heilig!

Die theologische Aussage (das „Theologumenon") vom wunderbaren Tausch ist ein starkes, schönes Bild, sehr konkret und unmittelbar verständlich. Es ist keine systematisch-präzise, sondern eine poetische Aussage von ästhetischem

Wert. Darin liegt ihre Kraft. Warum nur wurde sie bis heute so stiefmütterlich behandelt? Der Grund liegt, ist zu befürchten, in einem Mangel oder sogar Verlust der Erfahrung des Heiligen, die allein eine solche Aussage verständlich macht.

Oder wie sehen Sie das? Auf den wunderbaren Tausch kann doch nur jemand kommen, der auf sehr nachdrückliche Weise das Heilige am eigenen Leib erfahren hat. Im eigenen Fleisch. Der wunderbare Tausch erinnert an gewagte Aussagen christlicher Mystiker späterer Jahrhunderte, die für das kirchliche Lehramt nicht selten den Geruch der Häresie an sich haben. Was sagen Sie zum Beispiel dazu: „Ich bin so groß als Gott, Er ist als ich so klein. Er kann nicht über mich, ich unter Ihm nicht sein." Das ist von Angelus Silesius.

Das Theologumenon vom admirabile commercium fußt, mit einem Wort, unmittelbar auf einer mystischen Erfahrung. Es ist nicht von irgendwelchen Prämissen logisch hergeleitet. Und das zeigt sich schon daran, dass es nicht der theologischen Generallinie entspricht. Eigentlich läuft es ihr sogar zuwider. Diese Generallinie beharrt nämlich von jeher auf der unüberbrückbaren Distanz zwischen Schöpfer und Schöpfung, auf dem wesensmäßigen, seinsmäßigen, „ontischen" Unterschied, der die Sphären des Heiligen und des Profanen kategorisch trennt. Der wunderbare Tausch setzt sich darüber spielerisch hinweg und hält mit einer lebendigen, befreienden Erfahrung dagegen.

Was meinen Sie? Das sollte man doch ernst nehmen, nicht wahr?

Inkarnation

Das lateinische Wort „caro" (Genitiv: „carnis") bedeutet „Fleisch". In-karn-ation ist also ganz wörtlich: Ein-fleisch-ung. Die griechische Entsprechung lautet „(en-)sarkosis", von „sarx", Fleisch.

Inkarnation ist, zwar noch nicht dem Namen, aber der Sache nach, bereits Teil biblischer Theologie. Im Johannesevangelium (Kapitel 1, Vers 14) steht der bekannte Schlüsselsatz: „Kai ho lógos sarx egéneto" – und das Wort wurde Fleisch.

Haben Sie womöglich den Eindruck, wenn Sie hier „Wort" und „Fleisch" lesen, könnte sich dahinter eine allseits beliebte Dualität verbergen? Möglich wär's.

Welche Bedeutungen, Assoziationen sind mit Wort und mit Fleisch verbunden, was steckt dahinter?

Das griechische „logos", also Wort, hat ein gewaltiges Bedeutungsspektrum: Wort, Rede, Ausspruch, Aussage, Lehre, Lehrsatz, Berechnung, Rechnung, Grund, Vernunft, Sinn. Das sind nur die Grundfacetten. Es steckt aber ein roter Faden hinter all diesen Bedeutungen, ein verbindender Gedanke, nämlich etwas wie: Folgerichtigkeit, Gesetzmäßigkeit, Struktur und Stabilität. Sprechen ist wohlgeordnet, dann ergibt es Sinn; die Vernunft ist gesetzmäßiges Denken, ebenso das Rechnen; aus Gründen setzen sich folgerichtige Ketten von Ursachen und Wirkungen zusammen und so weiter. All das – der Logos also – macht die Welt zu einem regelhaft, stimmig, geordnet, „vernünftig" zusammengefügten Kosmos. Als Gegenbild zum verworrenen Chaos ohne Struktur und Zusammenhalt. Der Logos ist eine ordnende, gerechte und dadurch auch versöhnende, lebenspendende und befriedende Kraft.

Verwechseln Sie „logos" bloß nicht mit Logik! Der Logos ist nicht „die Vernunft" in einem mechanischen, abstrakt-rationalen, Spock'schen Sinn, sondern eine eher weiche Instanz, flexibel und organisch reagierend, die das Leben einrahmt, leitet, schützt und stützt – und dadurch erst ermöglicht. Alles, was wohlgeformten Mustern und Strukturen unterliegt: Vogelfedern, Blattadern, fließendes Wasser, treibende Wolken, Tierkörper, Blumen, Menschen, aber auch das Denken, die Psyche, also alles, woraus die Welt und Wirklichkeit konkret besteht, alles das ist in seinem inneren Zusammenhalt geprägt von der Wirkung des Logos.

Wenn Sie das an die unsichtbare kosmische Ordnung erinnert, die Ihnen schon vor 30 000 Jahren aus der Welt entgegentrat, wär's nicht verwunderlich. Den Logos können Sie nicht greifen, nicht sehen, nicht erkennen, nur an seinen Wirkungen. Und in der griechischen stoischen Philosophie beispielsweise steht er für die Weltvernunft, den Weltgeist. Also für das Unveränderliche, Ewige. Der Logos ist das Heilige.

Und das „Fleisch"? Ist das Konkrete, Fassliche, das Materielle, das Profane, der Stoff, aus dem Sie physisch bestehen. Aber Fleisch ist keine tote Materie, sondern organisch, beweglich und lebendig, es wächst und vergeht, es ist der Zeit unterworfen. Und darin liegt der Unterschied zum Logos. Wohlgemerkt, der Unterschied liegt nicht etwa in irgendeiner Wertigkeit, nach dem Schema: der Logos ist höher, besser, das Fleisch niedrig und minder. Die Versuchung, so eine Zuordnung vorzunehmen, ist groß, und sie wurde auch oft genug vorgenommen. Aber sie ist irrig. Der Unterschied zwischen Logos und Fleisch hat mit Rang oder Wertigkeit überhaupt nichts zu tun. Er ähnelt in Wahrheit dem Unterschied zwischen einer Tugend und den ihr entsprechenden Taten. Oder dem Unterschied zwischen dem Gold und dem Ring.

Oder mit einem anderen Bild gesagt: der Unterschied zwischen Logos und Fleisch ähnelt dem Unterschied zwischen einem Künstler und seinem Kunstwerk.

Ein Unterschied ist vorhanden, das ist ja nicht zu bestreiten. Der Künstler bildet den Hintergrund, er ist die ordnende, stützende, formende Hand. Das Kunstwerk ist die manifeste Gestalt, sichtbar, hörbar, vergänglich. Aber erst beide zusammen ergeben die künstlerische Schöpfung. Und deshalb gibt es am Ende zugleich auch keinen Unterschied. Und deshalb tauschen am Ende beide ihre innere Bewegung miteinander aus, eins atmet das Leben des anderen.

Das Wort wird Fleisch. Treffender und zugleich bildhafter kann man es kaum formulieren. Das Heilige wird profan, das Ewige wird zeitlich, Gott wird menschlich. Das ist, unter verschiedenen Namen, immer dasselbe Prinzip der „Inkarnation". Und es stimmt auch das Gegenteil: wenn das Wort, der Seinsgrund, der Weltgeist oder das Heilige Fleisch ist, dann ist dieses konkrete, belebte Fleisch hier, das Sie anfassen können, das Sie seit Ihrer Kindheit kennen und dem Sie beim Altern zuschauen, heilig. Ein wunderbarer Tausch.

Leben

Inkarnation ist das Prinzip der Kunst. Und des Lebens überhaupt. Genau auf diese Weise ereignet sich das Leben immer, daran ist in Wahrheit gar nichts Spektakuläres.

Überlegen Sie mal Folgendes: in Ihnen ist ein Bild von Ihrem Garten, der im nächsten Frühling voller Tulpen ist, und das Bild gefällt Ihnen sehr.

Nach der Arbeit fahren Sie auf dem Nachhauseweg beim Gartencenter vorbei und kaufen tütenweise Tulpenzwiebeln, für gelbe, rote, orange und weiße Tulpen, damit alles schön bunt wird. Am folgenden Samstag gehen Sie in den Garten, bewaffnen sich mit einem Zwiebelpflanzer und setzen 50 Tulpenzwiebeln in Ihre Beete. Sie fragen sich: reicht das, oder sind es schon zu viele? Nein, es ist genau richtig. Sie sind zufrieden, wie nach ehrlicher Arbeit. Dann warten Sie bis zum nächsten Frühjahr. Die Tage werden kälter, das Laub bildet feuchte Haufen auf dem Rasen, die Sie zum Schutz auf die Beete verteilen. Um Weihnachten schneit es, und nach Silvester wird es auf einmal richtig kalt, der Boden gefriert, und Sie denken an Ihre Tulpen. Dann wird es wieder wärmer, Sie räumen das Laub aus den Beeten und warten auf die ersten grünen Spitzen. Da! Es tut sich was, zaghaft schieben sich Blätter aus der Erde. Und am Ende mit Glück auch Blüten.

Was passiert hier? Das Bild in Ihrem Kopf setzt sich gemächlich um in Stoff. Aber nicht nur das Bild, sondern auch alle Energie, die Sie aufgewendet haben. Einkauf der Tulpenzwiebeln, Einpflanzen, Warten, Denken, alles wird Fleisch im nächsten Frühjahr.

Noch genauer hingeschaut: auch der Erdboden, Mineralien, Wasser, Sonne sind daran beteiligt. Und nicht zuletzt die Tulpenzwiebel selbst, die sich verwandelt. Sie verwandelt sich selbst immer mehr der fertigen Tulpe an. Ist damit das Ziel erreicht? Es gibt kein Ziel, die Wandlung geht immer weiter, ohne Stillstand. Bienen kommen, die Blütenblätter werden welk, die Tulpe vergeht ...

Und alle Dinge kommen unablässig aus dem heiligen Hintergrund der Dinge, sie treten in den Stoff und ins Fleisch, wo sie sich unter dem Gesetz der Zeit wandeln und wandeln, während der Hintergrund die immerwährende Wandlung mit seinem zeitlosen Leben nährt.

Schauen Sie sich selbst einmal an. Stellen Sie sich ruhig mal vor den Spiegel, trauen Sie sich. Trauen Sie und schauen Sie. Erinnern Sie sich an eine Übung ziemlich vom Anfang, das Wildnisexperiment? Wo es darum ging, die Natur so zu betrachten, als gäbe es dahinter ein Geheimnis, und dieses Geheimnis, wenn Sie aufmerksam hinhören, beginnt mit Ihnen zu wispern, angenehm und heiter, und Ihre Sinne werden dabei immer feiner …

Stehen Sie vor dem Spiegel? Betrachten Sie so einmal sich selber. Betrachten Sie sich anders als sonst, denken Sie nicht: dich kenn ich. Sie könnten sich grundlegend irren, halten Sie das ruhig mal für möglich.

Schauen Sie sich an, als wäre Ihre Körperhülle aus sehr dichtem, biegsamem, farbigem Glas, und solange Sie in Ihrem Inneren kein Licht anschalten, kann niemand hineinsehen. Nicht einmal Sie selber. Sehen Sie's? Tatsächlich, Ihre Körperhülle ist vollkommen blickdicht, Sie können nichts sehen. Und Sie fragen sich, wie es dazu kommen konnte. Wollten Sie schon immer so sein? Sie empfinden vielleicht eine leise Traurigkeit, wie über etwas lange Vergessenes, an das keiner mehr denkt. Wollten Sie auch als Kind schon blickdicht sein? Sie schalten das Licht nicht gern an, oder?

Dann kann jeder reinsehen wie in eine Wohnung ohne Gardinen an den Fenstern. Nein, Sie sehen nichts ... Oder doch? Sekunde ... schimmert da nicht was? In keiner Wohnung ist es doch völlig stockfinster, irgendwo brennt immer ein kleines Licht, und wenn's nur ein Nachtlicht für die Kinder ist mit Bewegungsmelder.

Bleiben Sie ruhig und entspannt. Bleiben Sie bei dem feinen Schimmer, der in Ihrem Inneren leuchtet. Das farbige Glas Ihrer Körperhülle hellt sich langsam auf und wird durchlässiger, sehen Sie's? Sie müssen gar nichts machen, nur den wachsenden Schimmer betrachten. Und mit dem Schimmer wächst auch Ihre Ruhe und Heiterkeit. Tauchen dazwischen Fragen auf nach dem Motto: das ist doch Quatsch? Bleiben Sie heiter und hören Sie hin wie auf ein Geräusch, wie auf das Brummen Ihres Autos, wenn Sie über die Autobahn fahren, das kennen Sie ja schon, das ist eine Ihrer leichtesten Übungen.

Während an Ihrem Spiegelbild die Farben immer lichter werden, verspüren Sie an sich selber auch etwas. Es wird Ihnen warm. Das ist kein Wunder, Licht und Wärme hängen ja zusammen. Aber Moment, wenn es nun Ihnen warm wird und nicht dem Spiegelbild, heißt das dann, dass der Schimmer auch in Ihnen selber ist? Nehmen Sie Ihren

Blick von dem Spiegel und schauen Sie auf Ihre Hände. Ahnen Sie das Geheimnis?

Glauben Sie bloß nicht, Sie würden sich da etwas einbilden. Das Heilige ist wirklich da. Das muss es, sonst gäbe es das Fleisch nicht. Sie wissen ja, dass beide immer nur zusammen vorkommen. Sie sind die Gestalt des Heiligen, und das Heilige ist Ihr Leben.

Machen Sie's gut.